JN126405

大阪商船三井船がつくった「さくら丸」の絵葉書。
幾度となく見て大切に保管している絵葉書の1枚である。

「グリーンエース」の絵葉書。瀬戸内海の島々を眺め、来島海峡を通る楽しい船旅を演出し、
真っ白い船体に緑色の帯の付いたスマートなフェリーだった。

昭和・平成を駆けた27隻の船たちと高知3造船所の記録

消えた航跡

2

小松健一郎

KENICHIRO KOMATSU

大阪港を走る改装後の「第三むろと丸」。船客たちの寛いだ姿が見える。石川浩一氏提供

JRになった「土佐丸」の高松入港シーンで、この頃の高松港は船の出入りで賑わっていた。藤本敏男氏撮影

昭和・平成を駆けた27隻の船たちと高知3造船所の記録

消えた航跡 2

小松健一郎

KENICHIRO KOMATSU

はじめに

　２冊目を出版することになりました。１冊目「消えた航跡—20世紀を駆け抜けた38隻の船たちの軌跡を描く—」は、思いがけない評価や反響をいただき驚くとともに感謝しています。残したい船の履歴や会社の歩みは、前書を書く前からそれなりのテーマ数を考えていました。しかしすべて書くには時間もかかりすぎ、それよりも何よりも出してどうなのかという不安や予想がつかず、一部のもの(8つのテーマ)に留めました。

　造船所は、調べてみたい大きな興味対象でした。大手の造船所には立派な社史があり建造記録も残っていますが、中手以下の造船所になると社史もありません。以前から関心があり、資料になるだろうと思われる新聞記事や書籍を1970〜80年代当時からそれなりに集めていました。ただ、他県の造船所となると今から資料も集めるのは困難です。地元新山本造船については、船舶部会「横浜」(旧横浜海洋博物館の部会)の会報にも書いたことがあったので、これに大幅な加筆をしました。高知県造船については、大きな後押しをして頂いた方との出会いにより形ができました。今井造船を含めて高知の大きい造船所３つを取り上げました。３社から見えた当時の日本造船業界の動向を書きたかったのです。自身の生き方にも影響した当時の様子を書くのは、私の青

春の記録でもあるように思いました。

　他のテーマも前書同様"思い入れ"のあるものばかりです。地元の室戸汽船（船舶部会「横浜」原稿加筆）は、貨客船時代に乗りたかった船です。今でこそ高知市から室戸までは遠く感じませんが、高校生当時は気軽に行ける距離ではありませんでした。「さくら丸」は1960年代を代表する客船で、大きな存在でしたし憧れでした。同船のパンフレットは、中学生のころ何回見たことでしょう。「土佐丸」は身近な船でした。宇高連絡船に乗る感覚は、車や列車で通り抜ける瀬戸大橋では味わえないものです。広島グリーンフェリーは、"昼に瀬戸内海を走る"唯一の長距離フェリーで、乗船した時の興奮が忘れられません。

　取り上げるものは、会社であれ船であれ前回同様、今は存在しないものばかりです。誰かが記録しておかないと…という想いで書きました。前書よりも多数、多方面の方に協力をして頂きました。"船関係"以外の方の協力もあります。ご協力、ご支援してくださった皆様に感謝申し上げます。

〈お世話になった方や団体〉
木津重俊さん　佐藤圭一さん　志和光三さん　栖原信裕さん　中沢良夫さん
西口公章さん　野村八郎さん　藤木洋一さん．福冨廉さん　松崎喬さん
村井正さん　村山健さん　矢田智子さん
淡路市役所　大阪市立図書館　大阪府立港湾局堺泉北事務所　沖縄県粟国村　オーテピア
高知県水産試験場　下関市立中央図書館　長崎市立図書館　日本長距離フェリー協会
広島県港湾振興課　広島県立図書館　広島中央図書館　北海道旅客船協会
横浜みなと博物館　株式会社後藤回漕店　佐渡汽船株式会社

目 次

凡例

（1）　トン数は、できる限り総トン、重量トンと区別して書くことにした。不明なものは単にトンと表現した。

（2）　要目など資料によって異なる場合があるのであえて資料通りとした

（3）　外国語はできるだけカタカナ表記としたが、一般的でないものは英語などそのままに表記した。

（4）　資料によって違いがあるものは（　　　）で表記したものもある。

（5）　ダイヤは、会社発行の時刻表に基づいている。中には新聞記事からのものもある。

（6）　写真は自分で撮ったもの、自身のコレクションを優先し、撮影者が分かっているものは氏名を掲載させてもらった。写真で氏名が入ってないものは私自身が撮影したものかコレクションである。

（7）　できるだけカラーの写真や印刷物を優先して掲載した。

（8）　引用中、中略は「…」とした。

（9）　出典については、可能な限り引用物の下に表示した。章末には参考文献一覧を載せた。

室戸汽船そして高知シーラインの記録

室戸汽船を知ったのは高知新聞の出港案内からである。西のあしずり汽船、中央の関西汽船、東の室戸汽船と案内が出ていた。室戸汽船は「第三むろと丸」と「第五むろと丸」が交互に室津港（室戸の中心の港）を出ていく。高校１年生のころ室戸出身のＵくんが写真を撮ってきてくれて、初めてその姿を見る。数年後、室戸汽船にとって初めてのフェリー「フェリーむろと」の進水式を高知重工まで見に行く。その後三代続いた船名の最後の「フェリーむろと」は、第三セクター高知シーラインに引き継がれる。

　本稿ではまずは室戸汽船の足跡をたどり、そのあと高知シーラインと続く。また室戸汽船にいたフェリーの中には、その後海外売船され今でも異国の地で働いているモノもいる。

室戸汽船小史

　戦前、室戸は高知〜阪神航路の寄港地であった。戦後になって室戸への寄港を関西汽船や高知汽船に交渉したが、不調に終わる。そこで地元の有力者たちが室戸町船主組合に集まり、1951年（昭和26年）３月20日、室戸汽船を創立、地元資本によってつくられることになった。同年４月15日ごろ就航の予定であったが、のびのびになり５月８日になったが、また延びて結局、５月10日午後６時300余名の人々の見送りをうけ、13名の船客とビワ、促成キュウリ、トマト、鰹節など30トンの貨物を乗せ室津港を出港する。就航船は「太平丸」（197総トン）といい、新西日本汽船（下関市）からチャーターしのちに売買契約が成立した中古改造船で、室戸〜大阪間を一隻で隔日運航していた。その頃の室戸汽船の収入は貨物７割、旅客３割であったが、経営的には赤字だったという。

　同年９月11日以降、定員を54名から100名に改装すべく大阪港にドッ

ク入りしていた本船に思いがけない命令が出る（この時、改装はほとん
どできなかったのではないかと推測している）。9月14日付での総司令
部覚書による返還命令である。本船は朝鮮籍の船（35,36頁に詳細記述）
だったのである。当時の返還数は、1946年から1951年までに船舶、機械、
卑金属、宝石に至るまで441件だったという。実際にはこの数よりもは
るかに多かったはずである。元日本郵船の社長だった有吉義弥著『占領
下の日本海運』から引用すると、「韓国の港で、日本の船は一番苦労さ
せられた。…韓国の一部では、終戦当時、韓国水域に在った日本の全
船舶は韓国で拿捕没収する権利がある。拿捕しなかったのは、当時の
韓国の事情によるんだから、全部改めてこっちへよこせ、という議論
もあったくらい」。朝鮮籍の本船は、返還せよと言われても当然のこと
だった。話し合いがもたれ、10月1日から再び運航開始となると報じ
られるが、実際は運航されなかったと思われる。

　そのあと新船が就航と報道されたが、実現しなかった。期間は分か
らないが、代船として貨物船「栄勝丸」（100トン）が就航している。

　関係者との交渉がまとまり、翌1952年（昭和27年）5月10日ごろから
「太平丸」が運航再開となる。その際、改装されエンジンも取り換え純
客船として就航、と報じられている。貨物専用として5月末から「第八
長運丸」（172トン）が就航予定とし、そのあと「第十一昌運丸」（100トン）
も貨物船として運航している。客船は隔日運航、貨物船は毎日運航と
なっている。

時刻表：

室戸発	大阪着
18：00 →	8：00
室戸着	大阪発
8：00	← 18：00

料金表：

3等	特3等
500円	600円

1953年（昭和28年）4月、「むろと丸」（217.13総トン）が高知市種崎の土佐造船鉄工で進水する。本船は中古船の一部を継ぎ足した船で、いわゆる純粋な新造船とは呼べない船であった。詳細は39頁に記す。

本船が加わり2隻体制になり、毎日運航が実現する。1955年（昭和30年）8月1日から神戸寄港が始まる。その時の時刻表は次のとおりである。

大阪発	神戸発	室戸着
17：00 →	20：00 →	8：00
大阪着	神戸発	室戸発
9：00	← 7：00	← 18：00

1956年（昭和31年）4月19日、「太平丸」（乗客11名、乗組員13名、計24名乗船）が室戸岬高岡沖（室戸市室戸岬町）で暴風雨のため沈没する。この事故は午後6時50分出港した（定刻ではないので出港を見合わすかどうか、逡巡していたのかもしれない）本船が、午後8時ごろ高岡沖約1500mを航行中、暴風を受け沈没し船客8名船員8名が亡くなる惨事となる。高岡海岸では、地元住民がかがり火をたいて救助したという。

「太平丸」は引き上げには成功、修理して再就航の予定であったが、再生には至らなかった。一度沈んだ船をもう一度使うことに船員たちが反対したからである。代わりに200トンの貨物船を建造することに一時は決定していたが、結局代船として貨客船を建造することになった。土佐造船鉄工で同年9月22日起工式を行い、12月27日「第三むろと丸」と命名され進水した。建造費は3,000万円。

1957年（昭和32年）2月5日よりが就航。総トン279トン、定員2等29名、3等71名、計100名の貨客船で、就航式や持ち投げをやって祝い処女航海に就いた。

1962年（昭和37年）3月1日時点の時刻表と料金表をみてみる。時刻表には冬季時間と夏季時間（4月～9月）があり、夏季時間は18：00出帆となっていて出帆が1時間ずれている。

時刻表：

大阪発	神戸発	室戸着
17：00 →	20：00 →	6：30
大阪着	神戸発	室戸発
8：00	← 6：00	← 17：00

　料金表は大阪、神戸からと書かれていることから、大阪～神戸の料金設定はなかったようで、同一料金であった。

料金表：

1等	特2等	2等
1,100円	750円	550円

なお、同年8月1日より運賃が値上げになっている。

1等	特2等	2等
1,300円	890円	650円

　阪神地区の大阪のりばは安治川沿いの源兵衛渡し、神戸のりばは兵庫第二突堤となっている。

　代理店は株式会社後藤回漕店で、1954年（昭和29年）1月から1975年（昭和50年）5月までの21年間の長い間、室戸汽船の代理店を務めている。

当時の後藤回漕店安治川現場事務所と岸壁

（左）現在の後藤回漕店安治川現場事務所
（栖原信裕氏撮影）

（上）第三むろと丸（下）船内
（右）大阪港の第三むろと丸

　「第三むろと丸」には、1967年（昭和42年）11月から船員のための食事を作る女性の司厨員が乗船していた。若い男性見習いの司厨員がなかなか定着しない中で取られた措置で、県下で初めてだったという。当時としては大変珍しいことではないかと思う。本船には船員の食事を賄うための厨房が設けられていたのである。

　1963年（昭和38年）12月18日、新造船「第五むろと丸」（366総トン）が就航する。盛大な就航式を行い、本船の招待券を入れた餅投げ等も行う。冷暖房設備やテレビなどもついている。本船は特定船舶整備公団の共有船で、計画段階のプロフィールと違ってアフトエンジンの船型に変わっている。この時、特定船舶整備公団の共同建造申し込みは60隻あり、その中から15隻が選ばれたものである。（本船の詳細については40・41頁参照）

　夕方薄暗くなってから室津港を出港し、室戸岬を廻り紀淡海峡を抜け、早朝神戸に入り大阪に着く。次頁の一般配置図から当時の船旅を想像していただきたい。室戸岬周りは、意外に波が高い難所でもあり狭い船室で寝るだけの旅は、今のフェリーや客船では体験できない窮

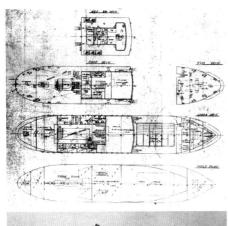

第五むろと丸「船の科学」より

（上）現在の室戸発着場跡
（下）当時の室津港。左奥に見えるのが「第
五むろと丸」。この場所が発着場であり、小
さい待合所があった。右手は室戸漁業市場。

屈な船旅だったと思う。

　新造船2隻体制となったことで、旅客をはじめ園芸作物、木材製品、
水産物など阪神地区に輸送し、高知県東部地方と阪神を結ぶルートと
してよりはっきりと位置づけられたのではないだろうか。

　1961年（昭和36年）2月、大阪の安治川に新橋梁が建設され、一部の
船舶の出入港に支障をきたし、後藤回漕店の事務所は弁天埠頭（安治川
第六突堤）に移され、その後、時期は不明であるが室戸汽船のりばも弁
天埠頭に移転したようである。

　1964年（昭和39年）7月10日から、地元の要請により徳島県日和佐に
寄港するようになる。

時刻表：

大阪発	神戸発	日和佐発	室戸着
18：00→	20：30→	3：00→	6：30
大阪着	神戸発	日和佐発	室戸発
7：30	←5：30	←22：00	←17：30

料金表：		特1等	1等	特2等	2等
	日和佐	1,460	1,000	650	500
	室戸	2,340	1,600	1,050	800

特1等は第五むろと丸のみ

阪神のりばは、大阪は同じ源兵衛渡し、神戸は後藤回漕店の事務所
倉庫が移転したため1965年（昭和40年）から兵庫第三突堤に変更になっ
ている。

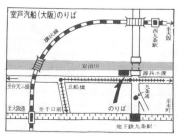
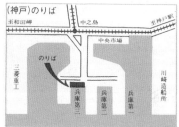

大阪発着場跡　栖原信裕氏撮影　　　　　神戸発着場（正面奥）跡

　「第三むろと丸」が7月19日から再就航する。「第三むろと丸」は同年
6月中旬から機関の能力向上などのため入渠、370馬力から750馬力へ
速力も2ノット12とし、またレーダーや最新救命艇も備える。「第五む
ろと丸」との差異をなくそうとした改装である。（40頁に写真あり）

　ちょうど同じ日の午前4時ごろ、神戸港第一関門付近で「第五むろと
丸」が強風で舵が故障し漂流するという事故が起こる。幸い自力で直し、
定刻より一時間ぐらい遅れただけで神戸港兵庫突堤に着岸する。

1965年（昭和40年）２月21日午後８時38分ごろ、「第五むろと丸」は荒天のため操船を誤り牟岐沖の津島付近で座礁、12時間後に全員無事救助される。損害額1,520万円と報じられる。人的被害がなかったことが不幸中の幸いであった。同年７月１日から弁天埠頭に内航の旅客船ターミナルが開業し、関西汽船と加藤汽船はのりばがここに移転する。室戸汽船の弁天埠頭のりばは、このターミナルではなかったと思う。残念ながら弁天埠頭ののりばの正確な場所は分からない。

　1968年（昭和43年）９月５日より大阪のりばを、弁天埠頭から安治川を1,500mさかのぼった西区安治川通りに移転する。理由は弁天埠頭の混雑によるもので、代理店の後藤回漕店も安治川事務所を移転することになった。元の鞘・源兵衛渡しに戻ったのだ。

　その混雑ぶりを当時の時刻表から拾ってみると、超過密であることは明らかである。3,000トン級から300トンまでの客船が次から次へと出入港を繰り返すのである。

　当時の大阪発着のものを時刻表（1965年）から挙げてみる。

関西汽船（阪神・高松・今治・松山・別府・小倉）

下り 大阪港発	別府航路 観光１便	四国回り 北九州便	高松航路 普通１便	別府航路 観光２便	別府航路 普通便	高松航路 普通２便
	7：20	9：00	13：30	16：30	19：30	20：40

上り 大阪港着	別府航路 観光１便	四国回り 北九州便	別府航路 普通便	高松航路 普通１便	高松航路 観光便	高松航路 普通２便
	22：40	8：10	9：10	20：00	22：50	6：40

下りの高松航路観光便と上りの別府航路観光２便がないのは神戸港発着のため

関西汽船（阪神・高知、阪神・小松島）

下り 大阪港発	大阪・高知	大阪・小松島、昼便	大阪・小松島、夜便
	19：20	9：30	21：00

上り 大阪着	大阪・高知	大阪・小松島、昼便	大阪・小松島、夜便
	7：10	18：30	6：30

加藤汽船(阪神・高松)

下り 大阪港発	大阪・高松昼便	大阪・高松夜便
	14：30	21：30

上り 大阪港着	大阪・高松昼便	大阪・高松夜便
	20：00	6：00

阿波国共同汽船(阪神・小松島、徳島)

下り 大阪港発	大阪・小松島 1便	大阪・徳島 昼便	大阪・小松島 2便	大阪・小松島 3便
	8：30	11：20	16：00	22：10

上り 大阪港着	大阪・小松島1 便	大阪・小松島2 便	大阪・徳島夜便	大阪・小松島3 便
	15：25	21：35	5：50	6：05

　とりわけ朝と夜の混雑は大変なもので、のりばはごった返していたのを思い出す。

　他の交通機関が発達してなかったため、船は交通手段のメインの一つであった。1969年（昭和44年）8月12日から料金が平均で22％値上げされる。

	特1等	1等	特2等	2等
日和佐	1,110	760	500	380
室戸	2,850	1,950	1,280	980

　1971年（昭和46年）12月10日から甲浦へ寄港をはじめる。時刻表は次の通り。

大阪発	神戸発	甲浦着	室戸着
18：00 →	20：30 →	4：40 →	7：30

大阪着	神戸着	甲浦発	室戸発
7：00	← 5：00	← 20：30	← 17：30

　ここには、日和佐寄港の時間が載っていないが、次頁の表には載っているので日和佐寄港は継続していたと思われる。

阪神行きの甲浦寄港については、12月6日まで大阪高知特急フェリーの客船が寄港していた（前著44頁〜46頁に関連事項あり）が、6日22時40分甲浦発の阪神行きをもって終了する。それを引き継いで関西汽船が阪神〜小松島航路を延長し、7日午前7時40分21人を乗せて予定より早く「あけぼの丸」（1,025総トン）が入港、折り返し同日午前9時10分発阪神行きが初出港する。甲浦の住民の方からすれば、朝出港より夜出港の方が使いやすかっただろうから、3日後の室戸汽船寄港は歓迎されたのではないか。このころの甲浦港からは、阪神行きが朝と夜の2便出ていたのである。

　1972年1月14日当時の時刻表と料金表は次のとおりである。

大阪	神戸	日和佐	甲浦	室戸
18：00 発→	20：00 →	3：00 →	5：00 →	7：30 着
7：00 着	← 5：20	← 22：20	← 20：10	← 17：30 発

神戸、日和佐、甲浦は、時刻に発着が明記されていない。神戸は下りが「発」、上りが「着」、日和佐、甲浦は下りが「着」、上りが「発」の時刻だと思われる。

大阪・神戸から	1等	特2等	2等
日和佐	1,220	790	610
甲浦	1,570	1,030	790
室戸	1,950	1,280	980

　室戸汽船も、フェリー時代の波に乗ってフェリー運航を考える。1972年（昭和47年）8月4日付高知新聞には「甲浦〜海南のフェリー実現へ　室戸市議会に請願」とある。海南市は和歌山県にある海岸沿いの都市で、1,500〜2,000トン級のフェリーを使って甲浦の間を1日2往復（片道所要時間3時間）するという計画である。阪和自動車道が1年後に完成すれば、海南と大阪中心まで50分となり、フェリーを使えば高知県の東部と5時間で大阪経済圏を結ぶことができる。9月に竣工した海南フェリー岸壁の使用についても海南市は好意的であった。このフェリー岸壁跡の写真は、前書143ページに載っている。南海電鉄との

関係や全国でフェリー航路開設が多数となり、新規免許が抑えられる傾向にあったことなどで実現はしなかった。

　1973年（昭和48年）1月、甲浦～神戸間のフェリー航路開設を申請する。室戸～大阪間は廃止する、方針。就航船は、2,500総トン、定員450名、8トントラック40台、乗用車50台のフェリーとする。

　1974年（昭和49年）2月20日、フェリー航路免許を許可される。6月26日、高知重工にて「フェリーむろと」が起工される。

　同年9月4日から関西汽船、南海汽船、共正汽船などのフェリー、旅客船会社15社32航路で大幅な運賃値上げが一斉に行われ、室戸汽船は45.18％アップで2等運賃1,330円が1,930円となっている。

　1975年（昭和50年）7月4日、高知港で関係者150人を招き本船が披露される。また夕刻には甲浦港でも披露される。これを伝える7月5日付高知新聞では、室戸汽船と来島どっくとが資本提携していたことが明ら

1975年（昭和50年）3月31日の進水式

かにされる。高知重工は来島系列であるので、建造決定前から来島グループに入っていたのではないかと推測する。

　室戸汽船は、24年間の地元資本による運航に幕を下し、愛媛県の来島どっく系列となった。この7日、「フェリーむろと」（2,728総トン）就航。1階部分がトラック、2階部分が乗用車、3階が客室と船首にロビーが配置され、建造費16億5,000万円である。当時、来島どっくは造船所やフェリー会社などを中心にすさまじい勢いで系列会社にし、グループが大きくなっていく。最終的には180社を超えたと記憶している。

当日の"祝就航"の高知新聞半面の宣伝記事には、四国地図の沿岸に航路図があり、小さく姉妹航路としてダイヤモンドフェリー、フェリーおくどうご、フェリー宇和海と記されている。本船就航により、貨客船時代の阪神〜室戸航路を変更し、甲浦〜神戸（深江）となる。詳細は分からないが、同年6月上旬には、ひっそりと「第三むろと丸」「第五むろと丸」両船は、室戸〜阪神航路を終えていた。

「船の科学」より

（左）室戸汽船のパンフレット

時刻表は以下であるが、連絡バスがあり、下りは甲浦発5：02→高知着8：10、上りは13：40安芸発→甲浦着16：17となっている。

	甲浦	神戸
上り	17：00→	22：20
下り	4：30	←23：00

乗り場案内のコピーである。次の頁に料金表。深江港は、阪神電車深江駅より徒歩20分、阪神電車芦屋駅よりタクシーで5分の所にあった。

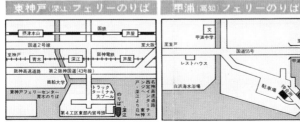

料金表：

	大人	小人
特等	5,700	2,850
1 等	3,800	1,900
特 2 等	2,600	1,300
2 等	1,500	750
乗用車 5 m未満	6,600	

　初日の第1便は、甲浦上り便と下り便の往復で車68台、一般客177名の利用があり、まずまずのスタートと担当者の弁。園芸野菜の輸送定期便の定着や、これからの夏にかけて船中泊だけで（現在の言い方では0泊2日）楽しめる海水浴、釣り、サーフィンを目的に乗船する客の利用にも期待をかけている。

　1976年（昭和51年）7月1日より平均25％の値上げとなる。この時代、頻繁に値上げが行われている。燃料費の高騰が主な要因である。

料金表：

	大人	小人
特等	7,100	3,550
1 等	4,800	2,400
特 2 等	3,300	1,650
2 等	1,900	950
乗用車 5 m未満	8,300	

　1982年（昭和57年）12月12日、「フェリーむろと」（2代目、6,114総トン）が神戸〜甲浦航路に就航する。本船は来島どっく所有で、関西汽船の神戸〜宮崎県日向（細島港）を結んでいた元「にちなん丸」。室戸汽船が備船して船内を一部改装しただけで、関西汽船時代と著しく変わった印象は受けなかった。
　また、フェリーの寄港を望んでいた土佐清水市は1974年（昭和49年）からあしずり港建設に着工し、毎年10億円前後の公共事業費を使い

1982年(昭和57年)春、概成する。昭和56年末累計60億4,000万円を投じた。この事業はフェリー誘致を目的としたもので、前年の1981年3月には関西汽船の神戸〜宮崎日向の「にちなん丸」寄港がほぼ決まっていた。

　ところが1982年（昭和57年）4月27日同航路が不振のため休止。それの代わりとして関西汽船系列（来島興産）の室戸汽船があしずり寄港を肩代わりすることになる。2代目「フェリーむろと」は就航して10日余りのちの12月24日、航路を延長してあしずり港に初入港する。地元ではあしずり踊りの100人をはじめ、歓迎行事が行われた。神戸〜甲浦〜あしずりの総航路距離300kmを超え長距離フェリーの仲間入りとなる。あしずり〜神戸航路は地元にとっては悲願で、結果的に同じ船が名前を変えて（にちなん丸→フェリーむろと）就航し、実現したことになった。

あしずり港フェリーのりば

　関西汽船は、大阪高知特急フェリーから傭船していた「フェリーかつら」（前書60頁に写真あり）に代えて、役目を終えた初代「フェリーむろと」は、「くるしま丸」と改名し松山〜小倉に就航させ（41〜43頁に後述）、関西汽船の「にちなん丸」を2代目「フェリーむろと」として室戸汽船に傭船させるという、来島どっく（来島興産）内での関西と室戸の"相互傭船"をして効率化を図ったのである。

　次頁は当時の時刻表と料金表である。

くるしま観光グループ

	神戸	甲浦		足摺
下り	23：00 発→	4：10 着	4：40 発→	10：00 着
上り	22：10 着	← 17：00 発	16：10 着	← 10：50 発

ただし毎週水曜日の下り便は甲浦止め、および木曜日上り便は甲浦発

	神戸～足摺	神戸～甲浦	甲浦～足摺
特等特別室	20,000	10,900	10,900
特等	16,400	8,900	8,900
1 等	11,000	6,000	6,000
2 等座席指定	8,000	4,500	4,500
2 等	5,500	3,000	3,000
自動車航送 5 ｍ未満	26,400	15,800	15,800

神戸──南四国を長く感じさせない
リラックスムードのキャビン。

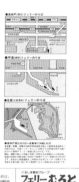

来島観光グループとして関西汽船、ダイヤモンド
フェリー、愛媛阪神フェリーの航路が示されている。

佐藤圭一氏撮影

就航1年後の社長の言葉が辛い。「トラック、乗用車、乗客─すべて（数字的に）もの足らん。何もかも、もうちょっと上積みがほしい。今のままでは油代が稼げるかどうか。はっきり言って赤字です」と新聞に出ている。

　就航して４年余りの1987年（昭和62年）５月24日午前４時15分、宍喰町沖で漁船と衝突する事故を起こし漁船は大破する。

　同年７月25日、新造船「フェリーむろと」（３代目 6,472総トン 船舶整備公団と共有）が就航する。それに伴い、神戸ののりばが深江から青木に変更される。新聞の宣伝には「７月25日（土）より室戸汽船のフェリーのりばが『深江』から『青木（アオギ）』にかわります」と載っている。また「全国フェリー・旅客船ガイド」の広告には次のように書かれている。

　豪華な7,000トン新造船でゆく南四国

　スペースにも、気分にも、船旅ならではのゆとりが生まれます。

　例えば、シティホテル感覚で、まとめられた「おらんく広場」。

（筆者注：おらんく＝私の家の方言）

　モダンなインテリア、開放的なスペースデザイン、

　ウィンドーショッピングやお食事ができる楽しさ。

　まるでシティホテルに滞在しているような、そんな気分で旅が続きます。

　外観の特徴としては、右舷のみに煙突を配し、エンジンルームを片舷に寄せて車輌スペースを広げたことである。レストラン、インフォ

メーション、スナック、ゲームコーナー、ショップを4階Bデッキにまとめた船内配置になっている。2代目よりもスピードアップも図られている。

JTB旅1990年3月号では、「土佐湾で、鯨やイルカが見られるかもしれない楽しい航路。かつおのたたきで一杯も、この船ならではの魅力」と説明されている。旅1991年8月号には、簡単な乗船記が載っている。この中で部分的に引用してみる。

「この甲浦（かんのうら）」「足摺」の両地名だが、その港名と同じ市町村名はない。甲浦港は徳島県との県境、高知県東洋町にある港の名である。足摺港は、足摺岬から港名を頂戴した高知県土佐清水市にある港だ。両寄港地が、自治体名とは異なった港名であるのが面白い。…この航路は地元の人々の足としてばかりではなく、サーファーや釣客の利用も多いという。最近、高知県もホエールウォッチング観光に力をそそいでおり、国内では小笠原と並ぶ「観鯨」の先進県と言われている。スナックでビールを飲んでいたら、隣のテーブルはクジラの話題で盛り上がっている。夏の期間は土佐沖で、本船からもクジラを見られることがあるそうだ。

1991年4月現在

時刻表：

	神戸（青木）	甲浦		足摺
下り	23：30 発→	4：20 着	4：40 発→	9：40 着
上り	22：40 着	← 17：30 発	16：40 着	← 11：30 発

料金表：

	神戸～足摺	神戸～甲浦	甲浦～足摺
特等特別室	19,760	10,760	10,760
1 等	11,330	6,180	6,180
2 等寝台	8,240	4,640	4,640
2 等	5,660	3,090	3,090
自動車航送5m未満	22,660	15,590	15,590

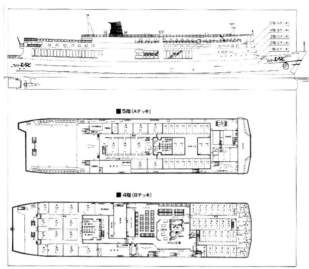

新造時の一般配置図

　下の室内写真は高知シーライン時代のものであるが、新造時のもの
を使っている。

1990年（平成2年）7月19日、大阪商船三井船舶（現商船三井）と関西汽船が同時に記者会見し、来島興産4社の株式を商船三井が取得したという発表がなされる。4社とは、関西汽船、ダイヤモンドフェリー、愛媛阪神フェリー、そして室戸汽船である。室戸汽船は、商船三井系列となる。

　1991年（平成3年）8月8日午後10時10分、「フェリーむろと」は関西汽船の「くいーんふらわあ2」と六甲アイランド沖5kmの海上で衝突する。「フェリーむろと」は右舷船尾、「くいーんふらわあ2」は船首左舷を損傷。ちょうどお盆の帰省客のごった返す時期で、稼ぎ時の両社にとっては大きな痛手となっただろうと推測する。

　1992年（平成4年）6月23日からの定期ドックで、船体に特大鯨が描かれる。オレンジ色の体に黒く大きな目、全長約40mである。7月15日からこの姿で就航。「赤い鯨」の称号は、すぐには付けられなかったように思う。はっきりした赤色とは言えないから、のちに称されたのではないか。下の写真の塗装期間は短い期間だったと記憶している。鯨を描くきっかけは、業界の会合に出席した社員が名刺交換で「貨物船の会社ですか」と言われ、いかに会社が知られていないかを痛感。そこで名刺に手書きで鯨のイラストを描いたのが、室戸汽船と鯨との関係の始まりである。

1994年（平成6年）3月15日付の日本海事新聞に、「関西—甲浦　高速船投入本格始動　来年度から検討着手　就航は97年度メド」と出る。7年ほど前から計画を温め、関西国際空港の開港（同年9月）に合わせ投入することを目標にしていたという。ジェットホイルを使って関西と甲浦を約2時間で結ぶ計画が有力視されている。この導入計画を同年度から本格的に取り組むという。このころは、新しい航路や既存の航路へ高速船の就航が流行になっていた。翌年7月には、ダイヤモンドフェリーが伊予市〜大分間に高速船「スピーダー」（375総トン）を就航させている。

　また同年7月16日、室戸汽船の経営するホテル・ホワイトビーチホテルが東洋町生見にオープン。和洋合わせて28室、定員63人、船と鯨をイメージした流線形の白い外観で、建築費約5億円のビジネスホテルである。このホテルは、後の2004年に神戸の商事会社に引き継がれ、2007年6月1日からは大阪の不動産会社が経営することになった。震災が起こる前、室戸汽船は多方面に積極経営をしようとしていた。それは明石大橋架橋を見据えた経営の一貫だったのだろう。

室戸汽船パンフレットより

　1996年（平成8年）1月17日、阪神淡路大震災が起き、東神戸港（青木）が使用不能になると、22日から大阪南港に変えて運航し始める。他に大阪南港発着に変更したのは、愛媛阪神フェリー、三宝海運、ダイヤモンドフェリー、四国中央フェリーである。時刻表は次の通りである。

	大阪南港	甲浦		あしずり
下り	0：20 発→	5：30 着	5：50 発→	10：50 着
上り	23：30 着	← 18：20 発	17：40 着	← 12：30 発

　暫定的に大阪南港を使ってきたが、神戸航路は休止扱いで、その休止を何回か延長してきた。理由は、神戸と大阪の需要動向を見極めたかったのである。同年11月15日、四国運輸局より神戸から大阪南港に変更することが正式に許可される。時刻表は次の通りになっている。

	大阪南港	甲浦		あしずり
下り	23：20 発→	4：20 着	4：40 発→	9：40 着
上り	22：20 着	← 17：20 発	16：40 着	← 11：20 発

　1997年4月の改正では発着時間を若干変更している。下は料金表。

	大阪南港	甲浦		あしずり
下り	23：20 発→	4：20 着	4：40 発→	9：40 着
上り	22：20 着	← 17：50 発	17：30 着	← 12：20 発

	大阪～足摺	大阪～甲浦	甲浦～足摺
特等特別室	22,630	12,840	12,840
1 等	13,460	7,340	7,340
2 等寝台	9,790	5,490	5,500
2 等	6,730	3,660	3,670
自動車航送5ｍ未満	24,970	14,780	14,780

　1996年（平成8年）12月9日、四国運輸局は、明石海峡大橋開通の影響を受けて32航路で廃止などを検討していると報道される。大阪高知特急フェリーと室戸汽船は、共同運航や一部フェリーの小型化などの案が出ている。1997年（平成9年）、商船三井が経営から手を引くという発表する。ここから航路維持への模索が始まるのである。

第三セクターへの経緯と室戸汽船の終焉

　1997年（平成９年）６月28日付高知新聞朝刊に「商船三井フェリー航路廃止検討」と出る。明石海峡大橋による航路の見直しである。この時点で室戸汽船は、大阪高知特急フェリーとの共同運航か第三セクターによる運航かの選択を模索することになる。その後の推移を、主に高知新聞をもとに追ってみる。

　７月28日　フェリー航路存続対策協議会（東洋町）発足
　　　　30日　大阪高知特急フェリーとの共同運航案決裂
　８月15日　土佐清水市、東洋町、県の担当者、航路存続のための、第三セクター設立を含め検討する方針を確認
　　　　29日　県は「リスクの大きい第三セクターへの参加は困難」と発表
　９月２日　東洋町議会は「第三セクターによる再建への支援」の要望書を県に提出
　　　　３日　県は第三セクターの参加は難しいと回答
　　　　11日　商船三井は航路廃止を正式表明
　　　　12日　県は三セク不参加を表明
　　　　17日　県は三セク化の代替え案として、特急フェリーに寄港してもらうよう要請する（以後"県案"と称する）と発表
　10月３日　東洋町は三セクの場合の試算を行い、初年度から黒字になると町議会の特別委員会で報告する
　　　　７日　県議会で知事は三セクには参加しないものの、財政支援のあり方を検討する必要があると述べる
　　　　　　東洋町は三セクを決定し、土佐清水は市長が県案、市議会特別委員会が三セクを押す
　12月19日　土佐清水市は、最終的に県案を選択する
　　　　　　この時点で、東洋町が三セク、県と土佐清水市が県案を選択し、対立が明確になる。

　"県案"と言われた内容は次のようなものであった。

大阪高知特急フェリーには２隻のフェリーがある。仮にA船、B船とする。

A船は午後９時20分大阪発、翌午前6時30分高知着。B船は午後９時20分高知発、午前６時30分大阪着（ここまでは従来通りの運航）、A船を延伸させ午前８時高知発、正午あしずり港着。午後１時あしずり発、午後５時高知着、そのまま上がり便として甲浦に寄港せず大阪直行。大阪に着いたB船を使い、午前８時大阪発、午後１時甲浦着、午後２時甲浦発、午後７時大阪着。

A船、B船ともに空いている時間にあしずり、甲浦をそれぞれ往復しようという案である。ちょっと乗ってみたいおもしろい案であるが、地元住民の方にとっては使い勝手が悪いのではないかと思われる。

翌1998年（平成10年）１月28日、東洋町、県、それに土佐清水市の三者が話し合い、「三セクやむなし」という結論を出す。フェリー航路問題が浮上して７か月に及んだ室戸汽船廃止後の結論が、東洋町主体（県と土佐清水市は経営には参加せず）での第三セクター設立で事実上決着する。

新会社の名前を知事に依頼し「株式会社高知シーライン」と命名される。町主体の第三セクターの長距離フェリー運航の例は、過去から現在まで高知シーライン以外にはない。ただし、室戸汽船が入っていた日本長距離フェリー協会には入会しなかったという。

３月19日　運輸審議会が高知シーラインを承認する

　　　28日　航路免許が下りる

４月１日、明石海峡大橋が開通し、多数のフェリー会社が消えていく。その一つに室戸汽船があった。４月５日午前９時40分、あしずり港着を最後に46年にわたって航路を守ってきた室戸汽船の歴史に幕が下ろされた。

高知シーラインの歴史

　室戸汽船から引き継いだ新会社は、1998年（平成10年）4月5日午前11時、「フェリーむろと」のあしずり港出発便から始まる。時刻表、料金表は室戸汽船を踏襲している。この会社の採算はどうなのか、県民にとっては気にかかるところである。4月9日には出資自治体や関係者を招いての船上祝賀会、4月27日にはあしずり港で海上保安署による安全点検が行われる。この航路存続は意外なところで喜ばれていた。ジンベイザメをはじめとする大阪海遊館で展示される多くの魚は土佐湾で集めたもので、その運搬は海水をくみ上げることができる本船に頼っていたのである。

　開業1か月後の利用状況について「大幅ダウンは免れる」と発表された。売り上げの減少は2割減程度で、明石大橋の影響を考えれば許容範囲だという。同年10月13日付高知新聞には「運航半年　黒字の見通し」と見出しに出る。利用状況の対前年同期比は減少しているものの、運航経費を削減できたのが（とりわけ燃料費の下落）黒字の要因としている。

　1999年（平成11年）2月にはプロ野球キャンプ（高知県安芸市では早春、阪神タイガースのキャンプが行われる）の見物客を対象にした"ベースボール割引"やサーフィンのメッカ東洋町生見海岸に来るサーファー対象の"ウェーブチケット"の発行も始まる。加えて、空き時間を利用した鯨ウォッチングも4月1日、7月29日、9月23日に実施すると発表される。4月1日、シーラインになって初めての鯨ウォッチングが行われ約500人が参加、ハナゴンドウクジラの群れが見られ楽しまれた。

4月5日には室戸汽船から航路を引き継いで丸一年となる。平成10年度決算は、396万円の経常利益となった。

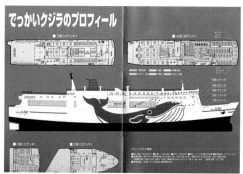
高知シーライン時代の一般配置図

　5月24日午後10時25分、大阪南港に接岸しようとした本船は、突風にあおられて左舷が埠頭に衝突する。室戸汽船のフェリー事故は、把握しているのは2回であるが、シーラインにとっては初めての事故である。その2か月後、世間を驚かす事故が起こるとは、誰も予想しなかった。

　7月27日午前4時40分、その事故は起こった。浅瀬に乗り上げた「フェリーむろと」の様子をTVが映し出していた。場所は甲浦沖約300mで、入港しようとした本船が台風5号の影響の暴風で流され座礁。同日9

1999年8月14日撮影

時55分から救出作業が行われ、幸い午後1時には全員無事救出された。午後社長（東洋町長）が記者会見を開き「操船ミスと言わざるを得ない」と。

　この日の夜、私は四国開発フェリーの新造船「おれんじ8」第1便に乗船する予定だったので、不安になったことを思い出す。なお、2日後に計画されていた鯨ウォッチングは当然中止となった。

　事故の後の経緯を少し詳細に見ていく。
　7月29日　現地対策本部は船体損傷状況を調査する。右舷側に小さな亀裂が多数（後に右舷のシャフトが曲がっていることも判明）。重油抜き取りを決定。
　　　30日　高知海上保安部は業務上過失往来妨害で営業所、本社事務室、フェリー船内を家宅捜索。社員の方が一軒一軒訪ねてお詫びに廻り始める。
　　　31日　この日までに緊急役員会を開き修理断念。代替え船をチャーター船にするか、中古船を購入するかのどちらかで航路再開を目指す。
　8月5日　午後7時、船体が16度傾いていることが確認される。
　　　　9日　取締役会を開き、代替え船を一日も早く見つけるかまたは運航再開断念かを示唆。船体が20度傾いていると社長が語る。
　　　11日　午後6時までに重油抜き取り終了。終了に伴い高知海上保安部は「カーフェリーむろと乗り上げ海難現地対策本部」を解散する。
　　　17日　午前8時20分、クレーン船に吊り下げられままタグボート5隻に曳かれ、離礁。
　　　19日　朝から船内車輌の搬出が始まる。これまで代替え船としてリストアップされた船が、明らかになる。7,000トン級フェリー、4,000トン級フェリー、2,000トン級の高速フェリーの三隻。調査の結果、いずれも改造しても本航路に合わないことが判明する。

23日　社長が船体を修理して再開を目指す、と明言する。
24日　常石造船（広島県沼隈郡（現福山市）沼隈町）に向けて曳航される。
26日　ドック入り。

　運航再開は5か月ぶりの12月18日午後11時20分、大阪南港発となる。当日乗船した客は100人余り、その中には徳島県で開かれる釣り大会に参加する団体客もいた。車両が20台を超えて乗船する。運航再開1か月後にはほぼ前年実績を回復し、関係者も胸をなでおろした。その後、“ねるとん船上パーティー”“鯨ウォッチング”など様々な企画をして乗船客増に努力する。

　1999年（平成11年）には、運休時間を利用して“観鯨”を4月1日、7月29日、9月23日と計画する。

　2000年（平成12年）7月に作成された「完全保存版　四国まるごとガイドブック　高知シーラインだから味わえる　室戸　波が呼ぶ、躍動の別天地甲浦　胸うつ自然美の南国路足摺　四万十」と表紙に書かれた16ページのパンフレット、室戸・足摺・四万十の観光ガイドである。高知県が阪神地区から観光客を呼ぼうとしている想いが伝わってくる。

　また、「赤いくじらの贈り物　ペア宿泊券プレゼント」と称して、乗船1回につき大阪〜甲浦・甲浦〜あしずりで1ポイント、大阪〜あしずりで2ポイント、10ポイントで応募できるスタンプシートを配布している。その締め切りは平成12年（2000年）12月20日となっている。

　次のような割引も企画され、チラシを作って宣伝した。「赤い鯨のふるさとライン　市民の皆さんが、乗って得する！　運賃割引」土佐清水市民は、旅客運賃はどの船室でも3,000円引き、乗用車10,000円引き、市外にお住いのご家族などに乗船券を送ることはもちろんOK。ただし乗船券・予約券発売場所はシーラインあしずり営業所と限られ、特別

割引期間は平成13年(2001年)6月1日～14年(2002年)3月31日となっている。

　最後まで乗船客増に対して様々な工夫をしている。それにもかかわらず、2001年(平成13年)11月8日に開かれた役員会で航路休止の方針が決まる。座礁事故、燃料高騰、トラック利用の減少などが原因として挙げられている。

　同年12月9日午前11時20分、大勢の市民が五色のテープで見送る中、あしずり港での最後の出港をする。翌日の高知新聞の見出しには、「さよなら　「赤い鯨」」、「京阪神と結び半世紀」と出ていた。翌日から、関西への航路は大阪高知特急フェリーに(前書53頁には、この航路の顛末について記している)引き継がれる。

　2002年(平成14年)2月20日の高知新聞に「フェリーむろと売却　予想を上回る6億6000万円」と見出しに出る。売れても1～2億円という声もあっただけに、予想外の高値で売却されたことは東洋町の負担額が大幅に減ることとなり、第三セクターの高知シーラインは安堵したと想像する。

　第2の人生は、パナマ船籍になり、香港で国際航路のフェリーとして就航する予定と報道されたが、実際は後述(45～47頁)のように変遷をたどり、現在も活躍している。

所有船の要目とその後

1　太平丸

総トン数197トン　全長36.5m　幅5.9m　深さ3.0m　9ノット
1930年(昭和5年)9月　向島東(向島船渠)で建造　朝鮮汽船所有　釜山～麗水間に就航　姉妹船に「太安丸」がある。

1941年（昭和16年）8月1日　朝鮮汽船と立石汽船、昇陽汽船が合併して西日本汽船となる

1947年（昭和22年）10月～1949年（昭和24年）3月まで船舶運営会の運航委託船の形式で大阪商船が傭船し、串木野～甑島航路に就航する。1949年9月5日より1年間大阪商船は、別府の東豊汽船へ裸傭船にて再傭船をしている。推測であるが、西日本汽船は戦後、釜山から下関に本社を移し、昭和26年？社名を新西日本汽船と変えたのではないか。

「太平丸」の船籍は下関だったが、朝鮮籍の記録が残っていたので、後に返還命令が出たと推測。

1951年（昭和26年）　新西日本汽船から中古船の本船を購入し松山の三津浜で修理、改造して室戸汽船　室戸～阪神間に就航

1956年（昭和31年）4月19日、室戸岬高岡沖で暴風雨のため沈没。その後、引き揚げに成功するが再生ならず。

絵葉書の写真は、「太安丸」のものである。両船は大きさが同じで同じ造船所でほぼ同じ時期に建造されているので、同型船の可能性が極めて高い。

朝鮮汽船の太安丸・太平丸新造絵葉書

2　貨物船　この項は主に西口公章氏調べ

栄勝丸

104総トン　170重量トン　全長24.0m　幅6.6m　深さ2.4m

1938年（昭和13年）12月　須崎建造　　下田　谷口初太郎所有

1947年(昭和22年)高知県汽船

1951年(昭和26年)高知汽船

1952年（昭和27年）1月10日付高知新聞によると、3月までは本船が貨物船の
　代船として室戸〜阪神航路に就航

1961年(昭和36年)大阪　芝喜次郎　所有

1965年(昭和40年)須崎　橋本好喜　所有

1966年(昭和41年）4月26日　海運局高知支局にて船籍抹消と推測する

第八長運丸

167総トン　全長33.8m　幅5.9m　深さ3.0m

1933年(昭和8年）1月25日起工　4月12日進水、命名

　　　　　　　　4月30日竣工　長崎合同運送株式会社所有

同型船に「第六長運丸」「第十長運丸」がある。「第七長運丸」は準同型船。

1941年(昭和16年)12月　第43掃海隊に編入される　母船特設砲艦「でりい丸」
　の補給船などに従事する。

1945年(昭和20年）9月17日　沈没　（9月18日台風により沈没という資料もある）

1946年(昭和21年）1月10日　除籍

　　　　同年　　8月10日　解傭　博多港内喪失

1946年(昭和21年）2月22日　九州海運局福岡支局にて船籍抹消

　　　　同年　　8月31日　救難完了

1948年度(昭和23年)日本船舶明細書よると、西海汽船(東京)所有
　貨客船に改造(定員55名)187総トンに増トンされている

1951年度(昭和26年)日本船名録によると、宝永汽船(東京)所有　東京築地〜
　木更津　就航

2枚とも渡邊千夏氏提供

1952年度(昭和27年)日本鋼船船名表によると、宮崎産業(津久見)所有
1951年(昭和26年) 〜 1963年(昭和38年)宮崎産業(現宮崎産業海運)所有※
　　　　　　「宮津丸」と改名　津久見と北九州間を石灰石運搬

「写真で見る 70 年の航跡」より

1952年(昭和27年) 5月末から室戸汽船の貨物専用船として就航予定※※
1955年度(昭和30年)日本商船明細画報によると、宮崎産業(津久見)所有
1957年度(昭和32年)日本鋼船船名表によると、大洋運輸(神戸)所有
1961年度(昭和36年)日本船名録によると、山陽汽船(大阪)所有　「宮津丸」に
　改名
1965年度(昭和40年)日本船名録によると、有限会社太田汽船(下関)所有「第
　一成幸丸」と改名
1968年度(昭和43年)この年度以前に抹消？

　※宮崎産業海運の「写真で見る70年の航跡」によれば上記の期間所有となってい
　　る。写真のSCAJAP　No（スカジャップナンバー）のCO24は確かに本船のもの
　　である。宝永汽船時代の写真からすれば改装されている。
　※※昭和27年5月2日付高知新聞に記されている。
　　資料により矛盾もあるが、筆者としては判断できないのでそのままで記載した。
　　現時点では室戸汽船で使われていたという確認はできていない。使われていた
　　としても短期間であると推測できる。

第十一昌運丸

199総トン　300重量トン　全長29.5m　幅6.6m　深さ3.3m

1938年(昭和13年) 7月　松江建造　　船籍松江　福島松次郎所有

3　　むろと丸

総トン数217.13トン　全長34.16m　幅5.80m　深さ3.05m　9ノット　定員
　77名

1948年(昭和23年) 3月　徳島工業にて建造。竣工

1953年(昭和28年) 4月　土佐造船鉄工にて岡田サルベージより買い取った浜
　松丸(160トン)の船体中央部を切断、5m継ぎ足して貨客船に改造進水する。
　戦後高知県内で進水させた最大の鋼鉄船であった。

前述のように室戸汽船の手で室戸～阪神間に就航

1965年度日本船名録によると、「喜幸丸」と改名。東京の個人所有になる　以
　下西口公章氏調べ

1968年度日本鋼船船名表によると、所有者が西伊豆採石(株)(東京)に変更

1968年度日本船名録には記載なし

4　　第三むろと丸

総トン数279.35トン　　全長36.89m　幅6.32m　深さ3.05m

D370　最大速力11ノット航海速力10ノット

1956年(昭和31年) 12月　土佐造船鉄工にて進水

1957年(昭和32年) 2月5日　室戸～阪神間に就航

1975年(昭和50年)　高知市仁井田に係船

その後船名録に記載なし

改装前　　　　　　　　　　改装後　石川浩一氏提供

5 第五むろと丸

総トン数365.88トン　全長38.84m　幅7.6m　深さ3.4m
1963年(昭和38年) 9月10日　来島船渠にて起工
同年　　　　　11月14日　進水
同年　　　　　12月16日　竣工

契約時

完成時

完成時はファンネル位置、形状などプロフィールは異なるが、一般配置図は13頁とほぼ変わりがない。
1965年(昭和40年) 2月21日　徳島県牟岐沖で座礁。全員救助される
1975年(昭和50年)　　　　高知市仁井田に係船
　　同年　　　12月15日　小笠原海上運輸の「母島丸」として就航する予定が実現せず
1977年(昭和52年) 3月31日　北海道離島航路整備(株)に売却される。運航は北海商船。
　　同年　　　6月1日から1981年（昭和56年）5月まで小樽～利礼航路に右頁のような時刻表で就航する
　年間計画では80航海であるが、実質は60航海ぐらいであった。
　小樽からは日用雑貨や資材を積み込むことが多く、島からは昆布やホッケの海産物を運んで経済に貢献したという。現在のように観光客はほとんどい

	小樽	沓形 (利尻)	香深 (礼文)	船泊 (礼文)	鴛泊 (利尻)	鬼脇 (利尻)	沓形 (利尻)	小樽
着		6：00	11：00	15：50	8：10	12：20	15：50	6：00
発	18：00	10：00	14：00	6：00	11：00	14：00	18：00	
	第一日	第二日		第三日				第四日

ず、業務関係者や島の住民の足になっていた。荒天による欠航も多かったが、月数回、年間60回前後の運航をし、年間1,000人、貨物10,000トンを扱っていたという。

　利礼航路は低気圧の通路となっていて、日本一の難所といわれている。最後の船長の言葉が印象深い。「第五むろと丸は小さいわりに乗り心地の良い船だった。2、3回大きなシケにあってヒヤリとしたが、船はこわいものだぞ甘くみてはいけないということを教えてくれた」。1981年（昭和56年）5月15日午後2時、小樽を出港して函館に向かう。5月31日をもって引退。6月1日からはフェリー「おたる丸」（1,000トン）が就航した。引退後、本船は函館にてスクラップ処理となっている。

「船と港」No7 より

おたる丸の前身「第5青函丸」

6　フェリーむろと（初代）

総トン数　2728.19トン　全長101.88m　幅18m　深さ5.8m

1974年（昭和49年）6月26日　高知重工業（資料によっては来島どっく高知工場）にて起工

1975年（昭和50年）3月31日　進水

　　同年　　　　　　6月18日　竣工（6月19日という資料もある）

　　同年　　　　　　7月 7日　甲浦～神戸間に就航

関西汽船に傭船され「くるしま丸」と改名する。

1982年（昭和57年）12月16日22時、小倉発より小倉～松山間に就航する。

総トン数は若干増加して2,881.80トン（資料によっては2,889.87トン）になっている。船籍は依然高知。僚船は、土佐特急フェリー「とさ」であった「はやとも丸」（3,468.48総トン 前書49頁に写真あり）である。この頃の小倉〜松山航路は、高知で活躍していた2隻が、名前を変えて就航していたのだ。

　旅客定員(車輌 トラック45台 乗用車66台)、時刻表、料金表は以下の通り。

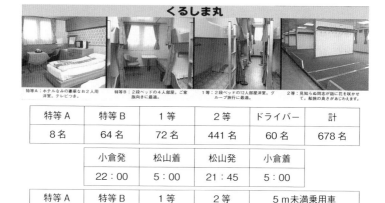

くるしま丸

特等A：ホテルなみの豪華なお2人用洋室。テレビつき。　特等B：2段ベッドの4人部屋。ご家族向きに最適。　1等：2段ベッドの12人部屋洋室。グループ旅行に最適。　2等：見知らぬ同志が話に花を咲かせて。船旅の良さがあじわえます。

特等A	特等B	1等	2等	ドライバー	計
8名	64名	72名	441名	60名	678名

小倉発	松山着	松山発	小倉着
22：00	5：00	21：45	5：00

特等A	特等B	1等	2等	5ｍ未満乗用車
11,800円	8,500円	6,800円	3,400円	16,400円

『関西汽船の船半世紀』(関西汽船海上共済会)によると、

　車輌甲板が狭く、片舷に数字的にはトラック3台が横に並ぶが、突起物があるためなかなか数字では割り切れない。サイドミラー分だけトラックの幅が余分になり、車輌の誘導員も1台積み付けたら、次の車はそのサイドミラーを避けて順次積むのに大変な苦労をした船だった。

　1987年(昭和62年)4月27日5時、松山港着にて引退。新造船「フェリーくるしま」(4,273総トン)が就航する。のち、愛媛県大西町星浦にて係船される。同年7月に神戸市港湾局の貸し切り船として運航する。また同年8月14日、甲子園出場の宇和島東高応援団の輸送のため松山港から神戸港に行き、8月15日松山港に帰着する。もし同高が勝ち進めば輸送及び宿泊船として提供される予定だったという。

1989年(昭和元年)、NOMICOS　LINEに売却され、「ANEMOS」と改名される。

　ギリシャで幾度も船名を変え、

2018年、ケファロニアン・ライン「Alexandra L」としてキリニ〜ケファロニ

ア島に就航。

増トンされ6,496総トン　船客数　夏期750人　冬期604人　乗用車240台
（詳細についてはHP「船のウエブサイト」を参照）

1976 年1月1日　甲浦にて撮影

大西町星浦に係船中の「くるしま丸」　　　　「Alexandra L」「世界の艦船」より

7　フェリーむろと（2代）

総トン数6,114トン　全長118m　幅20.4m　深さ8m

D　6,000×2　最高速力21.8ノット　航海速力19.6ノット

波止浜造船建造

1973年（昭和48年）3月23日竣工

1973年（昭和48年）3月31日、関西汽船の神戸（深江）～日向（細島港）航路に「に
　ちなん丸」として就航する。当時、関西汽船が初（唯一）の外洋本格的カー
　フェリーとして建造され、建造費18億円であった。隔日運航で、すでに
　就航していた日本カーフェリーと競合航路となる。

（隔日運航）

時刻表：

東神戸発	日向着	日向発	東神戸着
21：30	11：30	22：30	12：30

料金：	2等	1等	特等	乗用車（5m未満）
	3,900円	7,800円	11,600円	11,900円

船内設備：バー、カフェテリア、ゲームコーナー、船内テレビ局から各部屋にビデオテレビ放送、スモーキングルーム、フィンスタビライザー

1979年（昭和54年）4月29日、関西学院同窓会員を乗せて中突堤から出港、創立90周年を祝う祝賀パーティーが行われる。

1982年（昭和57年）4月25日21時30分、本船最後の航海に神戸フェリーセンターを出港し、27日12時30分帰港して、航路は事実上の廃航となる。この1隻で累積赤字43億円となり、関西汽船の赤字の半分を占めていたという。

同年12月（11月と書かれている資料もある）、来島どっく（来島興産）に売却され、室戸汽船が備船する。

室戸汽船所有になって、要目の総トン数が6,131トンに増トンされている。

前述のように、神戸〜甲浦〜足摺に就航したのち、1987年（昭和62年）7月、愛媛県大西町星浦に係船される。1988年（昭和63年）10月、フィリピンに売船され、「サンタ・アンナ」(Santa Ana)と改名。

2006年（平成18年）「スーパーシャトルフェリー8」(Super Shuttle Ferry8)と改名。

上段：2枚とも「にちなん丸」関西汽船絵葉書
下段：2代目「フェリーむろと」、今治大西沖手前「くるしま丸」2枚とも室戸汽船絵葉書

| 8 | フェリーむろと（3代） |

総トン数6,742トン　全長132.92m　幅23m　深さ12.5m

D　11,150×2　最高速力24.01ノット　航海速力21ノット

来島どっく大西工場

1987年(昭和62年))7月13日竣工　同年　7月25日就航

前述したように高知シーラインに受け継がれ、大阪～甲浦～足摺に就航する

2001年(平成13年) 12月9日　運航休止

2枚とも室戸汽船絵葉書

2002年(平成14年)、インドネシアに売船され「Ferry Cosmo」(パナマ船籍)と
　　改名。同年、韓国に傭船され「華東明珠」(Huadong　Peal)と改名。仁川～
　　石島に就航。

鯨が半分消えている 2002年3月24日長崎　　　　2枚とも西口公章氏撮影

2007年(平成19年)、「ニュー・ドンチュン」(New Dongchun)と改名。韓国
　　～ロシアに就航

岩瀬玄海氏提供

2011年ごろ（平成23年）ソギョン　カーフェリー（SEOKYUNG CAR FERRY）所有となり、「ソギョンパラダイス」(PARADISE)と改名。釜山〜済州島(チェジュ)航路。僚船に「ソギョンアイランド」(ISLAND)

ソギョンパラダイス　　　　　　　　ソギョンアイランド

パラダイス船内客室 （ソギョンカーフェリーパンフレットより）

上から	上から	上から	上から
特等　寝台室	特等オンドル室	3等A寝台	3等客室B
4人A寝台	4人オンドル室	レストラン	コンビニエンス
8人寝台室	12人寝台室		ストア

パラダイスは、月・水・金　釜山19：00出港　火・木・土　チェジュ19：00出港

アイランドは、月・水・金　チェジュ19：00出港　火・木・土　釜山19：00出港

	大人	小児	10%引き	20%	30%	40%	50%
特等	180,000	割引なし					
4人寝台A	75,000	37,500	67,650	60,300	52,950	45,600	38,250
4人寝台B	65,000	32,500	58,650	52,300	45,950	39,600	33,250
8人寝台	60,000	30,000	54,150	48,300	42,450	36,600	30,750
12人寝台	55,000	27,500	49,650	44,300	38,950	33,600	28,250
3等A寝台	50,000	25,000	45,150	40,300	35,450	30,600	25,750
3等室B	47,000	23,500	42,450	37,900	33,350	28,800	24,250

ターミナル使用料15,00ウォン含む　単位はウォン

団体や障碍者割引の他に、65歳以上やチェジュ島民は20%割引、軍人で軍服
着用時は10%割引がある。

アイランドの運賃価格帯は、5人家族部屋、2人寝台、4人寝台、3等室の
4種類しかない。

現在の船名は「ブルースター」で、ENAカーフェリーに属し、釜山～済州島
(チェジュ)航路に週3便(所要時間12時間)就航。

2015年9月22日　釜山撮影

室戸汽船、高知シーライン時代のパンフレット（最上段）と時刻表

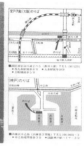

本稿を書いて気が付いたことがある。

　室戸汽船は、短い年月だったが長距離フェリーの一角を占めていた
わけであるが、長距離フェリー運航会社の中で、既存の客船または貨
客船を運航していた会社は、沖縄・奄美航路（有村産業、大島運輸、照
国郵船）を除いて、関西汽船、東日本フェリー（稚内利礼運輸・道南海
運の創立者蔦井グループ）と室戸汽船だけだったのだ。経営者は変わっ
ていったが、小さい貨客船から始まり長距離フェリーを動かすまでに
なった会社は、３社の他にはなかった。

甲浦港のりば跡

現在のホワイトビーチホテル

［参考文献］

室戸市史（上巻）

大阪商船株式会社 80 年史　昭和 41 年 5 月

関西汽船の船半世紀　関西汽船海上共済会　1994 年7月

船舶史稿　第 3 巻

船舶明細書　各年度

日本船名録　各年度

小樽利礼航路閉航記念誌　1995 年 3 月

船からみた「第2次大戦後から半世紀の神戸港」　花谷欣二郎、村井正 編集　2013 年 12 月

占領下の日本海運　有吉義弥著　国際海運新聞社　1961 年

残存帝国艦艇　木俣滋郎著　図書出版社　1972 年

世界の船 '63　朝日新聞社編　昭和 38 年 7 月

高知県東部観光圏　土佐室戸路　印刷高松・ア

JTB 旅各号

雑誌「船の科学」各号　船舶技術協会

雑誌「世界の艦船」各号　海人社

宇高連絡船「土佐丸」の航跡

四国在住で、ある一定以上の年齢層にとっては、宇高連絡船は忘れなれないフネである。高松から連絡船に乗ると緊張感や寂寥感を持ち、宇野から乗船すると懐かしさや安ど感がよみがえる。宇高連絡船は、本州との大きな"関門"であった。現在は風光明媚な瀬戸内海を眺めながら橋を渡る。緊張感や安ど感など何も感じない。

　高松－宇野を結ぶ船として、国鉄連絡船伊予丸、土佐丸、阿波丸、讃岐丸の4隻があった。その中でも、高知県民の私にとって「土佐丸」はひいきの船であった。

土佐丸誕生

　まず、宇高連絡船の伊予丸型が登場するまで、国鉄宇高連絡船には前史がある。その主な船を簡単に表にまとめておく。

就航年	船名	総トン数	姉妹船	備考
1903	玉藻丸	224	児島丸	
1917	水島丸	336		瀬戸内海汽船売却「くにさき」と改名
1923	山陽丸	561	南海丸	
1929	第一宇高丸	312	第二宇高丸	第二宇高丸、桜島フェリーに売却「第二桜丸」と改名
1947	紫雲丸	1449	眉山丸・鷲羽丸	紫雲丸「瀬戸丸」と改名
1953	第三宇高丸	1273		紫雲丸と衝突
1960	讃岐丸	1823		のちに「第一讃岐丸」と改名

　「伊予丸」就航から遅れること1か月、1966年（昭和41年）4月、濃紺の船体の「土佐丸」が就航する。建造費は、「伊予丸」8億9,900万円、「土佐丸」8億9,200万円である。建造費の半分は、四国4県が利用債で分担した。

　就航する前年5月末から、"来春就航する2隻の大型連絡船"の船名の募集が起工直前の7月10日を締め切りとして行われた。条件は四国

及び瀬戸内海にちなんだ名前であること、賞金は1等1万円、2等5,000円、3等3,000円、当時の公務員の初任給が2万円強であるから高額と言える。9月7日、3万7,025通の応募の中からその時点で就航していた「讃岐丸」（初代讃岐丸のち第一讃岐丸と改名）と同じ旧国名の第1船を「伊予丸」、第2船を「土佐丸」にすると発表。

国鉄連絡船時代の絵葉書

記念入場券　新鋭連絡船（宇高航路編）
国鉄四国支社

　本船の性能について、『日本の鉄道連絡船』（古川達郎著　海文堂）の「伊予丸」から引用してみる。

　　操舵室から前を、すっぱりと切り取ったような異様な船型であるが、切り口は車輛の積卸口である。…風体は異様でも、中味は、青函連絡船の新鋭船津軽丸の直後に計画された最新式の自動化船である。操縦性もよくするため、津軽丸同様、普通の角度より十度も多い四十五度とれる二枚舵に可変ピッチ・プロペラを組み合わせ、それに、船首を横方向に回頭させるバウスラスターを装備している。安全性を高めるため、船体をいくつもの防水区画に分け、そのうえ、要所要所には、軽い硬質ポリウレタン発泡休まで詰め、極力沈没しにくいようにしている。

　13の横防水隔壁で14区画に分けられ、2区画に浸水しても沈没しないような構造になっていた。それは、青函連絡船洞爺丸事故の次年の1955年（昭和30年）5月11日に起きた「紫雲丸」（1,480総トン）と車輛渡船

「第三宇高丸」（1,282総トン）が濃霧の女木島沖で衝突、いわゆる紫雲丸事故により168人の犠牲者が出る大事故の教訓からである。犠牲者の中には修学旅行中の児童・生徒108人（高知の中学生28人）が含まれていた。

　「伊予丸」「土佐丸」「阿波丸」は同時期に建造され、船体も要目もほぼ同じである。３条のレールに27両の貨車が搭載されるようになっていて、初代讃岐丸（昭和36年3月竣工 1,828.89総トン）より３両多く積めたという。あとでできる「２代目讃岐丸」も合わせて伊予丸型と呼ばれている。「伊予丸」は日立造船桜島工場、「土佐丸」「阿波丸」は三菱重工業下関造船所でそれぞれ建造されている。

初代讃岐丸　記念入場券

伊予丸型　讃岐丸
「さよなら宇高連絡船 78 年の航跡」より

　３隻は塗装の違いで区別されていた。「土佐丸」の船体色は濃紺で、黒潮を表したものだった。この船体の色について、『鉄道連絡船 100年の航跡』（古川達郎著　成山堂）には次のように書かれている。

　「船舶塗装規定」は昭和40年（1965）3月を最後に消滅してしまった。…カラーが「自由化」になればなったで、新たな問題が派生する。…伊予丸が「伊予みかん」、土佐丸が「黒潮」を象徴する色として、それぞれオレンジとコバルトブルーが選ばれたが、第３船目の阿波丸になると、突然「よく見える色」として赤になった…客船の外舷色の"考え方"に一貫性を欠き、いわゆる場当たり的な選定となった。

　ちなみに「阿波丸」の赤は、『宇高連絡船の航跡　霧笛が消える』（美巧

社)では"阿波踊りの情熱"、"大歩危、小歩危の紅葉"、"国鉄のサービス精神(赤心)の表れ"などと３つ並べて説明されている。

伊予丸 　　　　　　　　　　　　　　　　　 阿波丸
記念入場券　新鋭連絡船（宇高航路編）国鉄四国支社

　「讃岐丸」だけは1974年（昭和49年）７月20日就航と３隻とは数年あとになり、要目はほぼ同じであるが、エンジンやアコモデーション、窓の位置など他の３隻とは若干異なっている。また他の３隻が２基２軸に対して、「讃岐丸」は主機を４基として２軸を稼働させている。伊予丸型の改良型だと言える。建造所は内海造船瀬戸田工場である。ちなみに船体の色は、香川県の木・オリーブのエメラルドグリーンである。

　「土佐丸」は、1966年（昭和41年）３月30日に造船所から国鉄四国支社に引き渡された。４月３日に回航され、18時30分に高松港に着き、６日から10日間、試運転が行われる。当時高知で開かれていた南国博（南国産業科学大博覧会3月19日～5月9日まで開催）で博覧会入場券に試乗券（９日から13日まで試運転中の土佐丸に1往復試乗できる）を付け、４月５日から１万枚配布したという。

　４月16日午前10時２分高松発の上り12便から正式運航される。それに先立って９時30分、記念式で船長に花束、支社長らがテープにはさみを入れ、くす玉が割れハトが舞い上がり、四国支社吹奏楽団が「南国土佐を後にして」を演奏した。

総トン数　3,073.96トン　（3,083.39トン）　三菱重工下関造船所建造

純トン数　1,229.44トン　（1,169.38トン）

全長89.4m(88.9m)　　全幅15.8m　　深さ5.45m

主機　ディーゼル2基2軸

出力　4,620馬力

最高速力16.3ノット　航海速力15.25ノット(15.3ノット)

車両搭載数　15トン貨車　27両

旅客定員　一等300人　二等1,500人(変更後2,050人)

　　　　　計1,800人(変更後2,350人)

乗組員数　29人　※定員については資料によって違いがある

起工　1965年(昭和40年)7月16日　　　進水　同年12月11日

竣工　1966年(昭和41年)3月30日　　　就航　同年4月16日

就航　霧とストに悩ませられながら

　「土佐丸」の就航により、「瀬戸丸」(旧紫雲丸、事故後改名)と「眉山丸」
は退いた。本船は、最前部が1等室(椅子席定員200人　立ち席定員100
人)、中央部前部が2等室(椅子席296人　立ち席276人)、中央部後部が
2等室(椅子席304人　立ち席238人)で、広々とした遊歩甲板は大型ガ
ラスを巡らした展望室で、前部(1等用)はゆったりとした肘掛椅子を、
後部には小さな椅子(2等用210人)を配している。オーニング下の舷側
通路はプロムナードである。船尾近くには、有名なうどんコーナーが
あった。

　連絡船の様子はどうだったのだろうか。島岡晨氏(詩人　明治大学講
師)の文章を引用すると、

　『さようなら連絡船』(山と渓谷社　1988年3月)カダケスの＜青＞より

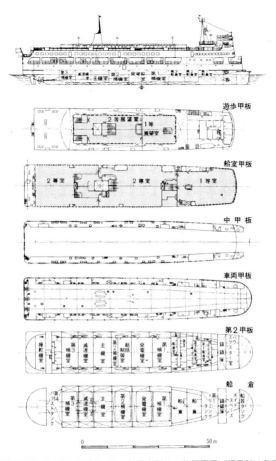

『鉄道連絡船 100年の航跡』より　伊予丸型の一般配置図（網目部は客室）

　初めて宇高連絡船に乗ったのが、昭和26年。東京の大学にすすむ
ため、古郷高知をあとにしての1人旅。学生服の若者は、寒さのせ
いより緊張で青ざめていた。学生服の、あるいは安物の背広のわた
しは旅行鞄を肩にひっかつぎ、ドタドタと、高松の、あるいは宇野の、
桟橋を走っている。そうしないと、乗継ぐ汽車の座席がとれないのだ。
みんな走る。埃っぽい二十代…。冬のさなか、甲板の吹きっさらし
ですする、さぬきうどんのおいしいこと…それも瀬戸内海の美景を
眺めながらだから、格別なのだ。

宇高連絡船の思い出は、"走る"と"うどん"だったと断言してもいい。誰しも経験し、必ず記憶に残っている。当時は列車の指定席も少なかった。走って連絡船や列車の席を取るのが、日常の光景だった。数人で旅する人は仲間の分も確保するために、一人が他の人に荷物を預け、走った。

　うどんは、私も義務のように乗るたびに食べた記憶がある。昭和40年代には、一便で200杯のうどんが売れたという。ちなみに料金は、かけうどん250円、きつねうどん270円、てんぷらうどん350円であった。（終航に近い時期の値段である）

　1967年（昭和42年）には、「伊予丸」とともに展望室に四国四県の観光写真が掲出される。また翌年の1968年（昭和43年）川崎重工神戸造船所にドック入りしていた「土佐丸」で、船員用に調理した料理で食中毒が発生した。大事には至らなかったようである。また、1969年（昭和44年）9月21日には鷲羽山周遊コースを運航し、2日後の23日は「伊予丸」も運航する。

　本航路は、霧に悩ませされることが多々あったが、その中でも以下の場合はひどかった。1969年（昭和44年）12月12日未明から霧のためにストップ、下りが宇野13時40分発「土佐丸」から再開されたものの、夜に入り下り20時33分発「土佐丸」からまた欠航となる。その3年前、「土佐丸」が就航する直前の1966年（昭和41年）3月3日、45分遅れの5時53分に高松港を出た「伊予丸」は直島水道で10時間以上も立ち往生したという。私も一度だけ1977年（昭和52年）朝早い便で宇野駅の通路で約1時間待ったことを思い出す。

　1970年（昭和45年）10月5日、右舷クランクメタル溶損により片舷運航を強いられたこともある。

　1974年（昭和49年）3月1日には公労協のストが行われ、明治39年国鉄連絡船開設以来、初めて"乗船客ゼロ"で運航する。高松発港午前4

時47分発上り本船は、普段でも接続列車がないためこの時間帯の乗客
は少ないが、この日は本州側の列車がストの影響で乗船客ゼロ、29人
の乗務員だけで定刻通り出港した。
68年間で初めての珍事であった。

　同年5月1日には、「阿波丸」「伊予
丸」とともに定員を1,800名から2,350
名に増員している。実は、この昭和
49年度の1年間の輸送人員は82万
2,081人で、業績のピークであった。

　1978年（昭和53年）8月16日午後12時25分発高松発の本船は、お盆の
Uターン客で連日混雑していたが、ついに350人の積み残しを出して
出港。この頃が宇高連絡船にとっては、一番いい時代であった。また、
同年12月23日からは1975年に廃止されていた銅鑼を録音テープで復活
させる。高松桟橋の放送設備が完備し、「いい日旅立ち」に呼応する形
で実現する。四国に住む者にとって、本州に渡る第一手段は鉄道（高知
では汽車と言う）で、高松から宇高連絡船で宇野へ、宇野から宇野線で
岡山へ、そして岡山から山陽本線や新幹線と、原則3回乗り継ぎで阪神、
東京だったのである。

　1984年（昭和59年）4月22日結成されたばかりの連絡船周遊友の会
は、本船を使って"本四架橋ふるさとの海"と称し、主塔の組み立てが
完成し始めた瀬戸大橋見学クルーズを実施した。京阪神や中国地方か
らも家族連れが訪れ、参加者数は約1400人となったという。瀬戸大橋
ブームが沸き起こる以前で、大橋見学船がなかった頃のできごとであ
る。

　1985年（昭和60年）7月10日、本船貸し切り便に国鉄四国総局の直営
売店第1号がオープンする。国鉄の余剰人員活用と増収を狙ったもの
で、国鉄直営店「マリーン」と名付けられる。事務長が店長になり、た

ばこ、ジュース、お菓子などを販売したという。このクルーズは、高松市自治会連合会会員約700人が乗船し、瀬戸大橋見学用に貸し切ったもの。

　同年10月6日には本船船内で初の洋上結婚式が挙行され、翌年1986年（昭和61年）8月21日には"チビッコ達の鉄道夏季合宿教室"が実施された。大橋開通後の連絡船利用の模索なのか、それとも宇高連絡船への思い出作りなのかはわからないが、数々のイベントが行われている。

写真は宇野港に接岸中の国鉄時代の本船で、撮影者の藤本敏男氏によると、初代ダイハツミラ、三代目三菱ミニキャブ、初代ダイハツシャレード後期型などの車、当時のプラットホームの佇まいや、マストに赤いTのイニシャルマールなど昭和の時代を感じるスナップである、と感想を述べている。

　運航便数を見てみると、年々減便となっていくのがよく分かる。『さよなら宇高連絡船 78年の軌跡』『宇高連絡船の航跡　霧笛が消える』から便数をまとめてみる。

　新幹線博多開業が旅客を九州へと指向させ四国への旅客数が減少したうえ、三原や広島から四国に渡るルート（高速船や水中翼船など）が増え、宇高連絡船の存在感を弱めていった。

開始年月日	体制	備考
1972年（昭和47年）3月5日	28往復運航（旅客18往復半）	山陽新幹線岡山まで開業
同年　　　　　11月8日	ホーバークラフト「かもめ」就航	
1974年（昭和49年）3月9日	旧「讃岐丸」を「第一讃岐丸」と改名	
同年　　　　　7月20日	2代目「讃岐丸」就航。伊予丸型4隻体制	同年度が輸送人員ピーク
1975年（昭和50年）3月10日	3船22往復運航 伊予丸型4隻配船体制	新幹線博多開業
1976,77年（昭和51年、52年）	3船29往復運航	

1978年（昭和53年）10月2日	3船21往復運航	
1980年（昭和55年）4月23日	ホーバークラフト「とびうお」就航	
同年　　　　　10月1日	3船18往復運航	
1982年（昭和57年）11月15日	3船17往復運航	
1984年（昭和59年）2月1日	3船14往復運航	

ＪＲ時代から終焉へ

　1987年（昭和62年）3月31日午後1時20分、高松沖に「伊予丸」「讃岐丸」「とびうお」らと瀬戸大橋観光遊覧船「土佐丸」5隻がほぼ一直線に並び、一斉に汽笛を鳴らす。国鉄四国総局が最後に演出した"サヨナラ国鉄の海上ショー"であった。
翌日4月1日、四国総局はＪＲ四国（四国旅客鉄道）、船舶部は船舶課となり、船体のマークもＪＮＲからＪＲに変わった。

（上）JR時代の本船、高松港入港　1988年2月1日　藤本敏男氏撮影　（右）JR時代の大型絵葉書

　同年11月から5か月間は「さよなら宇高連絡船キャンペーン」と称して、ブリッジの見学（船内放送で見学者を募った）、新婚カップルに記念品贈呈、船長のメッセージを載せた記念パンフレットや記念スタンプの設置、クリスマスツリーやひな祭りのイベント展示などが行われ

た。これは夏から始まった青函連絡船のさよならイベントで爆発的な人気を呼んだことから計画されたものだった。

　翌年の３月18日には宇高連絡船記念メダル発売が発表され、四国の玄関口駅となる宇多津町のゴールドタワー（144m）が営業を始める。３月20日は坂出、倉敷両市で瀬戸大橋博（８月31日まで）が始まった。『船のアルバム』の筆者露崎英彦氏によると、最後の１か月ほど前３月３日の様子として、船内は美しく保たれて、驚くことに売店が、入口すぐ、展望室内、グリーン客室、四国物産展と４か所あったという。

　1988年（昭和63年）４月９日、宇高連絡船最後の"車両航送"は「土佐丸」が担った。18時22分宇野港を発った本船は高松港に19時25分に到着、車両航送業務を終了した。旅客輸送は、23時32分に宇野を発ち翌日０時32分に高松に着いた「阿波丸」であった。

　1910年（明治43年）６月12日開業以来、宇高連絡船の全運航回数約101万1,000回、運航距離は地球を約533周にあたる2,137万キロメートル、乗客２億5,000万人、貨物１億7,000トンを運んだことになる。

　翌日４月10日大橋開通日に「伊予丸」「土佐丸」「阿波丸」「讃岐丸」が集結してパレードを行う。乗船料大人1,500円、小人800円。その詳細が『鉄道連絡船のその後』（古川達郎著　成山堂）にある。

　1988年（昭和63年）４月10日早朝、４時38分高松を出発した１番列車"マリンライナー"２号が、朝焼けの海を眼下に、轟音とともに瀬戸大橋を渡っていった。

　一方、役目を終えた連絡船は、９時30分から10時にかけ、伊予丸は宇野港から、他の３隻は高松港から出港して10時30分ころ大槌島付近に集合。そこから讃岐丸Ⅱ（筆者注：伊予丸型）を先頭にして阿波丸、土佐丸、伊予丸の順に１列縦隊となり、橋へのバトンタッチを確かめるかのように、下津井瀬戸大橋（瀬戸大橋を構成する橋の１つ・岡山県側）から南備讃瀬戸大橋（同・香川県側）をまわるコースを

一巡。"サヨナラパレード"を行った後、それぞれの係船場所へと別れていった。

同年4月28日午前11時よりJR四国本社にて連絡船の公開入札が行われた。「讃岐丸」を除く、伊予丸型3隻とタグボート「たまも丸」、ホーバークラフト「とびうお」の計5隻である。

ここで若干横道にそれるが、その当時の宇高航路の民間フェリー会社を表にまとめておこうと思う。

	運航開始年	廃止年	1988年隻数	橋開通前便数	その後の便数
四国フェリー	1956	四国急行フェリーに移行	5	47便	5便
津国汽船（本四フェリー）	1958	2009	6	32便	2007年四国フェリーと合わせて50便
宇高国道フェリー	1961	2014	8	62便	2014年四国フェリーと合わせて40便

瀬戸大橋開通前は、3社合わせて1日約140便で、単純に24時間で割っても1時間に5〜6便あったことになる。次頁の左のパンフレットは宇高国道フェリーの「うたか丸」のもので、"昼も夜中も19分ごと"と小さく出ている。ちなみに写っているスチュワーデス（パンフレットではそう呼んでいた）は17名であるが、初期のころには22名を数えた。
右のチラシは本四フェリーのもので、写っているご本人もお忘れではないだろうか。なお本四フェリーは初期には、多客期以外は車なしの乗客は扱わなかった。
高松港は、宇高航路以外にも小豆島、女木島・男木島、直島行きなど日本一の発着便の多い港であった。架橋後も料金があまり変わらなかったこともあり、「急ぎは橋」「ゆっくりはフェリー」と橋とのすみわけができていて、3社で24時間稼働、1日125便を維持していたが、E

ＴＣの大幅割引や高速道路の全国共通料金などにより明らかに橋のほうが安くなり、共存共栄のバランスは崩れていた。

　2017年（平成29年）４月には１隻で１日５便となってしまった。2019年（平成31年）４月には料金値上げも行っている。11月９日の報道で、最後まで残っていた四国急行フェリーの宇高航路が廃止される見通しと伝えられる。とうとう12月15日、109年にわたった宇高航路は消えた。

宇高国道フェリー チラシより　　　　　　　　　　本四フェリー チラシより

クルーズ船「SOUNDS OF SETO」（サウンズオブ セト）として蘇える

　さて主人公の「土佐丸」は、1988年（昭和63年）６月、約１億円で広島県の常石造船に落札され、ＪＲ四国から移ることになった。ここで改造費約10億円をかけ、クルーズレストラン船に改造される。全体的に流線型を強調、船首の車両積み込み口には新たに船首ブロックを取り付け、遊歩甲板から上の構造物はすべて撤去。サンデッキ、ラウンジ、レストラン、スナック、アートギャラリー、旧車両甲板に和室、サウナ、ディスコを造る。運航会社は、常石造船の子会社アイランドクルーズラインである。マリンパーク境ヶ浜（現福山市沼隈町）と瀬戸大橋与

島京阪フィッシャーマンズワークを結ぶレストラン船（宿泊設備なし）
となる。

　常石造船客船プロジェクト室の印刷物には次のように書かれている。

日本で初めての観光クルーズ船

宇高連絡船・土佐丸が大改装工事により、日本で初めての本格的豪
華客船ムードの観光クルーズ船として、瀬戸内海に就航することに
なりました。

　　瀬戸内海クルージング　　　'89春就航！

　　3,000トンから5,000トンへ大きく変身

プールのあるオープンデッキ、総ガラス張りの展望サロン、ゆっく
りとくつろげるメインラウンジ、デラックスなムードのロイヤルラ
ウンジ、本格派のレストラン、華やかなスナックプラザ、おしゃれ
なカフェテリア、都会的なバーやディスコ、多目的に利用できるイ
ベントホール、スリリングなゲームルーム、ファッショナブルな
ショッピングプラザなど、数多くの充実した設備により、現在の
3,000トンから5,000トンへと大きく変身します。

又、乗客定員は、現在の2,350名から1,000名とし、ゆったりとくつ
ろいだムードのラグジュアリーなクルーズ船となります。　以下略

アイランドクルーズライン パンフレットより

　常石造船の客船プロジェクトは初めてではない。第1弾は、1973年（昭
和48年）7月1日から南太平洋クルーズ、グアムへの一週間クルーズを
実施。使用船は、神原汽船の貨客船「トロピカルレインボー」（8,841総
トン）、元日本郵船貨物船「秋田丸」を改造したもので、日本～グアム～

パプアニューギニアの定期航路を運航していた。残念ながら翌年10月には休止する。「サウンズオブセト」の客船事業は、これに続くものであった。

トロピカルレインボーの絵葉書

左下、ガンツウ
右上、常石グループのホテル「ベラビスタ」

　これらの流れが現在の「ガンツウ」(2017年10月就航　旅客定員38名 3,013総トン)の運航につながっている。

　出発するのりば・マリンパーク境ガ浜には、フローティングアイランド水族園、マリーナ、クラブハウス、貝博物館、フィッシュマーケット、高速船(豪華メガヨットと称していた)「Sounds of Pacific」(サウンズ オブ パシフィック 154総トン)周遊などがある一大テーマパークである。近くには、みろくの里という遊園地がある。

　また一方のフィッシャーマンズワークは瀬戸大橋の与島オアシスにあり、4つのレストラン、ショッピングフロアー、咸臨丸(与島〜羽佐島・岩黒島周遊コース　所要時間25分　384総トン)、遊覧ヘリコプター(飛行時間3分、6分)などがあった。67頁の写真は現在の与島寄港地の跡で、廃墟になっている。

サウンズ オブ パシフィック　Sounds of Pacific

フィッシャーマンズワークのパンフレットより

　1989年（平成元年）４月27日からクルーズ船として就航する。このクルーズのほかさらに夜間、境ヶ浜でフローティングレストランやチャーターとしても使われる。写真で見た改造後の第一印象は、きれいな客船に変身したなと思った。面影はありつつも、貨車を乗せていたとは思えない船容であった。「世界の艦船」1989年７月号では、"土佐丸時代の面影はどこにも残されていない"と評されている。本書によると、主要目4,960総トン、全長97.1m、幅15.8m、吃水3.7m、航海速力15ノット、旅客定員881名である。

サウンズオブセト 絵葉書

境が浜 絵葉書

境ガ浜は、広島で開かれた"海と島の博覧会"（同年7月3日から10月29日まで開催）のサブ会場の一つであり、いいタイミングでの就航となった。

　実際のクルーズを紹介した雑誌の記事「乗りものにこだわる旅」（「ジョイフル」1991年5月号 近畿日本ツーリスト）から引用してみると、就航ルートは、山陽新幹線・福山駅からほど近い境ヶ浜はマリンパークから出港して、数々の伝説やロマンを残す瀬戸内海随一の風待ち港、鞆浦（原文ママ）を横目に見ながら進路を東へ。幾多の島々が織りなす風景は変化に富んでタイクツするヒマもない。3時間がアッという間に過ぎ、巨大な瀬戸大橋が見えてくると、やがて船はその橋脚の島のひとつ与島に入港。ここから別コースで境ヶ浜へと帰るのだが、途中に見る瀬戸の夕景はこのクルーズのハイライト。

　船内を詳細に見てみると、次のようである。

アイランドクルーズ パンフレットより

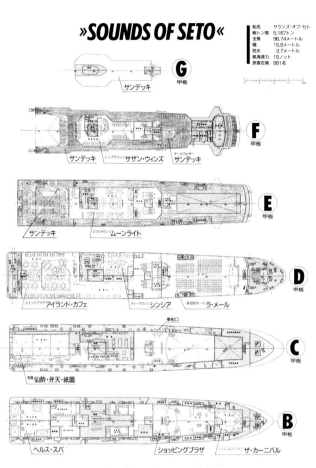

»SOUNDS OF SETO«

船名	サウンズ・オブ・セト
総トン数	5,167トン
全長	96.74メートル
幅	15.8メートル
喫水	3.7メートル
航海速力	15ノット
旅客定員	881名

G 甲板
サンデッキ

F 甲板
サンデッキ　トップラウンジ サザン・ウィンズ　オールウェザー サンデッキ

E 甲板
サンデッキ　ピアノラウンジ ムーンライト

D 甲板
スナックプラザ アイランド・カフェ　ティーラウンジ シンシア　多目的ホール ラ・メール

C 甲板
乗船口
和室 仙酔・弁天・祇園

B 甲板
ヘルス・スパ　ショッピングプラザ　ディスコティック ザ・カーニバル

アイランドクルーズ パンフレットより

Fデッキ　サンデッキ　「トップラウンジ　サザン・ウィンズ」　サンデッキ

Eデッキ　サンデッキ　「ピアノラウンジ　ムーンライト」

Dデッキ　「スナックプラザ　アイランド・カフェ」　バイキング形式の食事が楽し
　　める

「アートギャラリー」

「レストラン　シンシア」本格的なフランス料理が味わえる

「多目的ホール　ラ・メール」(400人収容)

Cデッキ　「和室　仙酔・弁天・祇園」(90畳)

Bデッキ　「ヘルス・スパ」「ショッピングプラザ」「ディスコティック ザ・カーニバル」

本船の特徴はすべてパグリックスペースであるということだ。宿泊を伴わない船なので、パブリックスペースだけを見ると2万総トンのクルーズ船に匹敵するという。サンデッキは76頁の写真でもわかる通り、チーク材を使った本格的な木甲板である。

アイランドクルーズ パンフレットより

　実際のクルーズスケジュールを雑誌「船の旅」や「クルーズ」から拾ってみる。

　クルージングから帰港後は、境ガ浜で18時30分から22時までフローティングレストランとして営業をしている。また、ランチクルーズ、アフタヌーンクルーズは、境ガ浜周辺をクルージングするものである。この表は、様々な工夫と苦労をしながら"営業"してきたことを物語る。前述した『船のアルバム』によると、本船には自動販売機がなかったこと、それに和食堂がなかったことが指摘されている。また大阪湾クルーズ、12月〜2月まで天保山発着で、デイクルーズ12時から15時30分、ナイトクルーズ18時30分から21時30分、15,000円で実施されていたという。

年	期間	時間	クルーズ名	料金
1990	10/31 まで 11〜3月まで		瀬戸内海クルーズ チャータークルーズ	
1991	2月 3月 4/10〜4/13 6/13〜6/16		ドック入り 大阪、名古屋、東京 博多、姫路他クルーズ 大阪で一般クルーズ 名古屋で一般クルーズ	
1991		10〜13：15 14：05〜17：20	①片道 ②片道 ①＋②往復	① 3000 円＋ショーステージ 1000 円 ①＋② 7000 円 コース 6000 円、8000 円、1 万円。 バイキング 3000 円
1992	金土日中心	同上	同上	同上 コース 7000 円、9000 円、1 万円。 バイキング 3500 円
1995		11：30〜14：00 14：30〜16：00 19：00（120 分）	ランチクルーズ アフタヌーンクルーズ ビアクルーズ	2000 円バイキング 2500 円 2000 円 バイキング付き 4000 円
1996	5/1〜5/6 5/11、12、18、19、 24、25 8/6〜12、15、16 23〜31 8/6〜8、10〜12 15、16、23〜31 8/10〜15、24、25 8/6、11、16、18、25 8/10、14、17、24、31 8/14 〃 8/17〜19	11：30〜14：00 11：30〜14：00 14：30〜16：00 16：30〜18：00 18：30〜21：00 同上 11：30〜14：00 14：30〜16：00 10〜13：15 14：05〜17：20	ランチクルーズ アフタヌーン① アフタヌーン② サンセット 花火 キャラクター① キャラクター② ①　　　　片道 ②　　　　片道 ①＋②往復	2000 円、セット料理 4500 円 2000 円　食事 2500 円 1500 円 1500 円 2000 円　食事 3500 円 同上 2000 円　食事 2500 円 乗船ドリンクケーキ付 3000 円 3000 円　食事 3500 円 ①　＋② 7500 円
1997 1998		11：30〜14：00	ランチ	2000 円、セット料金 4500 円 運航日はお問い合わせください

　1995年（平成 7 年） 1 月17日に起こった阪神淡路大震災で、いち早く
駆け付けたのは本船である。18日には境ガ浜から神戸港に物資を届け
ている。「阪神淡路大震災における船舶活用事例」（神戸大学名誉教授
井上欣三氏論文）によると、翌 1 月19日（18日という資料もある）から 1
月31日まで13日間、淡路島津名港にて宿泊のべ500人、入浴のべ5,000

備後灘を与島に向かう本船。「讃岐丸」大三島クルーズより
1992年10月25日　藤本敏男氏撮影

人の被災者のお世話をする。次に神戸港第5突堤Tで、2月3日から3月31日まで57日間ガス復旧要員の宿泊施設（通常250人）として活用される。津名と神戸港を合わせると70日間となり、南海郵船の「フェリー第三おおすみ」（993総トン）82日間、神戸商船大の「深江丸」71日間に次ぐ長い期間となる。

支援のため鹿児島から来た「フェリー第三おおすみ」神戸港第6突堤にて　村井正氏撮影

他に、新日本海フェリーの「フェリーすずらん」（8,548総トン）29日間、「ニューしらゆり」（17,304総トン）59日間、日本クルーズ客船「おりえんとびいなす」（21,884総トン）13日間、「ニューゆうとぴあ」（12,344総

トン）18日間、関西汽船「くるしま7」（5,218総トン）55日間、商船三井客船「新さくら丸」（17,390総トン）16日間や両備運輸の「鄭和」「御座船備州」など小型フェリーや客船、練習船、支援船など30隻に及ぶ船が、6万人以上の人々の生活支援、復興支援を行ったという。

津名港における本船　淡路市撮影　　　　　神戸港　1995年2月　村井正氏撮影

震災の翌年1996年5月26日（日）に境ヶ浜〜与島クルーズに乗られた方の投稿によると、881名の定員に対して乗船客はわずかに9名だったそうである。（この日は、前もって宣伝されなかったクルーズ運航日だから極端に乗船客が少なかったかもしれない71頁の表参照）

1997年（平成9年）8月29日午前3時24分、青森県八戸港から函館港へ給油に向かっていた本船（26人乗り組み）が、津軽海峡にて漁船「漁神丸」（987総トン）と衝突。本船は右舷側後部外板を、「漁神丸」は船首部分を損傷する。

1998年（平成10年）4月3日、高知新港開港記念クルーズと銘打って高知に"里帰り"。新港から横浪半島沖を周遊する約2時間コースで乗船客400人が楽しんだ。5日までの3日間に7回のクルーズを行う。そのあと6日に、今度は宿毛湾港振興協会による宿毛湾内クルーズを行い、片島港から大月町安満地沖まで2時間のコースに400人が参加した。

高知新港の本船

最後の年にやっと乗船

　常々乗船したいと思っていたが、その機会はなかなか得られなかった。与島に行くには交通手段がなく（車で行って駐車場に止め乗船したとしても帰れない）、境ヶ浜に行くにはかなり早くでるか前泊しかない。前述の紹介では境ヶ浜は、"福山駅からほど近い"とされているが、道も狭く公共交通も頻繁になく不便な場所である。乗りたくても乗れない状態が続いていた。

　やっと日程的に都合のいいツアーを見つけた。1999年5月9日出発の、しまなみ海道開通記念「豪華客船「サウンズオブセト」で行く　来島海峡クルージング」（右のチラシ）である。

　そのツアーの乗船報告である。

　この日帰り旅行は読売旅行の主催で、高松、高知からはバスで新居浜港まで行き、加えて地元新居浜からの参加者と総勢860名が乗

船する。船の中はごった返して椅子が足らず、リドデッキにそのまま座っている人もいる。とてもじゃないが優雅なクルーズの雰囲気は、感じられない。

　それに反して船内設備の第一印象は、期待以上に良い。チーク張りのデッキが印象的である。神戸の「ルミナス神戸２」と比べても遜色がない。むしろ船自体はゆったりしていて使い勝手がいいように感じた。

　土佐丸時代のものは見つからない。意識して探してみると、ショッピングプラザの片隅に号鐘が何の説明もなく置かれていた。"土佐丸・1966・日本国有鉄道"と書かれていた。

　新居浜港を９時20分に出港し、バースに止まっている「おれんじエース」を左に見てゆっくり港を出ていく。天気は晴れだが、視界はよくない。10時30分ごろ来島海峡を通過。ちょうど「サウンズ オブ パシフィック」（66頁に写真）が向かってくる。しまなみ海道開通９日目の日曜日、車の切れ目はない。11時からバイキングは始まるが、凄まじい争奪戦に味もわからない。おまけに料理が空になっても追加はない。11時30分ごろ「伊予」（中・四国フェリー）や「フェリーみしま」（大三島ブルーライン）と反航する。時間待ちのため宮浦港前で40分間停船する。

宮之浦港の本船

反航する「伊予」

12時30分から大三島神社に参拝のため下船が始まるが、外に出るまでに時間がかかる。神社までの道は、本船客専用道路と化してしまう。14時30分出港予定が15分遅れの出港となり、多々羅大橋向けて走る。45分後、幸陽ドックを左に見て大橋を通過、尾道方向から来た「安芸灘」（瀬戸内海汽船）とすれ違い、上空にはセスナ機が飛んでいた。あとは新居浜に向けて帰るだけで、乗船客を退屈させないためか多目的ホールのラメールでカラオケ大会や抽選会を行う。抽選会は100個の賞品を構えていたという。

　土産になりそうなものを探す。以前はあった絵葉書はないと言われ、船関係のものは少ない。帽子（紺と白の２種類あり紺には柳原良平氏の絵がついている：77頁写真）、船のパッケージのクッキー、Ｔシャツ、タオル、レターセットぐらいである。柳原良平さんのリトグラフを至る所に飾り、乗船口付近にはコーナーが設けてあり20点ぐらいあっただろうか。値段は３～８万円が主である。17時過ぎには新居浜港に帰り着いた。

　このツアーの後、７月24日（土）実施される「豪華客船「サウンズオブセト」で行く来島海峡クルージングとジンギスカン食べ放題」が募集されていた。その内容は、高知から市倉ファーム（今はない西条市の家畜と触れ合える観光施設）へ行きジンギスカン食べ放題、今治・来島海峡へはバスで、宮浦港で本船に乗船し新居浜港で下船、帰路はバスで、旅行代金は中学生以上8,800円である。

終焉そして海外売船

　初乗船を果たした年1999年（平成11年）が、本船の日本における最後の年であった。5月1日から始まった瀬戸内海大橋完成記念イベント“しまなみ海道'99”の人出を見込んで、「しまなみ海道ロマンチック・クルージング」と称して尾道西御所岸壁発着のクルーズを実施している。このクルージングは、本船以外にも僚船の「サウンズ オブ パシフィック」や瀬戸内海汽船、マルト汽船などが発着地もそれぞれでクルーズを実施していた。11月30日までに参加者総数50,454人という記録が残っている。

　本船は、しまなみ海道開通を尾道基点で多々羅大橋をめぐるクルーズで、11時30分尾道出港でひょうたん島、世界一の大きい斜張橋（当時）、多々羅大橋経由で14時30分尾道帰港、しまなみバイキングメニューを堪能できる。土日運航、完全予約制で、大人（中学生以上）4800円、小人（小学生）2800円、幼児（3才〜小学生未満）1000円。夜は、その岸壁で船上ビアガーデンを実施する。

　しまなみ海道が開通した日（5月1日）から、多目的ホール（200席）に暗幕を張って大林宣彦監督の新作「あの、夏の日」を全国に先駆けて上映している。尾道基点のクルーズを最後に、10月末をもって運航停止となる。

両方ともアイランドクルーズ チラシより

　その後、PRIMA BRIDGE ISLAND Pte.Ltd.に売却され船名を「RISING
STAR II」と改名、ジャワ島とカリマンタン（ボルネオ）島に就航した
という。北九州市門司の船舶研究家・藤木洋一氏によると、「土佐丸」
は現在「MABUHAY NUSANTARA」と名前を変え、ジャワ島（ムラ）〜
スマトラ島（バカウヘ二）航路に就いている。

　実は、他の３隻も生きているという。「讃岐丸」は船名「DHARMA
KENCANA」と言い、スラバヤ〜バンジャルマシン（カリマンタン島）に、
「阿波丸」は「TITIAN NURNI」と改名し、「土佐丸」と同じジャワ島（ムラ）
〜スマトラ島（バカウヘ二）航路に、そして「伊予丸」は未確認ながら北
朝鮮で生きているという。船齢、なんと50歳越えである。

「MABUHAY　NUSANTARA」藤木洋一氏撮影

宇高連絡船のあし跡

　現在も宇高連絡船が就航していた痕跡や記念物は残されている。高松港と宇野港両港近くの施設には、資料を残し展示しているコーナーがあり、高松側にはかがわプラザ３階に、宇野側には産業振興ビル１階にある。また記念銘板が宇野港の片隅に、高松港には連絡船で長く使われていた石のボラードがモニュメント風に残っている。

宇野港の記念銘板

高松港の石のボラード

　宇野港で土佐丸の写真がビルの看板になっているのを見つけた時は、少し心が震えた。ＪＲ高松駅構内には、連絡船うどんも健在で、土佐丸の号鐘もある。

［参考文献］
　1884－1976日本の鉄道連絡船　古川達郎著　海文堂　昭和 51 年5月
　鉄道連絡船100年の航跡　古川達郎著　昭和 63 年5月
　鉄道連絡船のその後　古川達郎著　成山堂　平成 14 年1月
　宇高連絡船78年の歩み　萩原幹生　成山堂　平成 12 年4月
　さよなら連絡船　山と渓谷社　1988 年3月
　さようなら宇高連絡船　78年の航跡　四国旅客鉄道株式会社編　株式会社交通新聞社　昭和 63 年3月
　鉄道連絡船のいた20世紀　イカロス出版　2003 年8月
　宇高連絡船の航跡　霧笛が消える　読売新聞社高松支局編　美巧社　昭和 63 年2月
　日本の客船2　1946－1993　野間恒・山田廸生共編　海人社　1993 年10月
　船のアルバム　露崎英彦著　平成8年 12 月
　ジョイフル5月号　乗り物にこだわる旅　1991 年5月号　近畿日本ツーリスト
　季刊　旅と鉄道　'88　冬の号　昭和 63 年1月　鉄道ジャーナル社
　雑誌「船と港」　各号　　船と港編集室
　雑誌「クルーズ」　各号　海事プレス社
　雑誌「船の旅」　各号　株式会社東京ニュース通信社
　船舶部会「横浜」会報
　船からみた「第2次大戦後から半世紀の神戸港」花谷欣二郎、村井正 編集　2013 年 12 月

憧れの客船さくら丸

「さくら丸」は、日本を代表する客船（正式には貨客船）だった。幾度となくパンフレットを見ながらスマートな船体に憧れた。外国船は「オリアナ」、日本船では「さくら丸」が少年時代憧れの船の筆頭だった。

　「さくら丸」ほどたくさんの顔を持つ船を私は他に知らない。巡航見本市船として建造され、そうでないときには定期外国航路の客船、そして移民船の顔をも持つ。のちには青年の船として、晩年は沖縄航路の定期船、クルーズ船と、高度成長経済の日本を駆け抜けた客船であった。日本を代表する有名船でありながら、まとまった船歴資料を見たことがなかった。今回この船をテーマにした理由である。

　まずは、「さくら丸」に至るまでの見本市船から見ていきたい。

見本市船として──「さくら丸」前史

　巡航見本市船（本稿では単に見本市船とも記す）とはどんな船だろうか。『見本市船さくら丸』（小山房二著　文芸春秋新社）のはしがき冒頭には次のように書かれている。

　　日本産業巡航見本市というのがある。見本市といっても、ビルのなかで開くのではない。船のなかに、いろいろな製品を陳列し、諸外国に寄港して、各国の人たちに見てもらうという仕掛けになっている。そこで“巡航”という字をつけた。

　巡航見本市専用船「さくら丸」が就航するまで、見本市船は貨客船や貨物船によって行われていた。戦前は「もんてびでお丸」で、戦後はいち早く兵庫県が独自に「平安丸」「美代玉丸」を使って実施している。そのあと、国レベルの巡航見本事業が貨客船や貨物船の改装船によって行われ、「日昌丸」「あとらす丸」「安芸丸」と続く。1962年（昭和37年）、「さくら丸」が登場するまで、兵庫県独自の2隻、国の3隻が活躍するその

実績を踏まえて「さくら丸」が建造される。

　見本市船の嚆矢であろう、戦前の「もんてびでお丸」から見て行こう。

（1）もんてびでお丸

　「もんてびでお丸」（7,627総トン）は、大阪商船西航南米線（西廻り世界一周）の姉妹船３隻の第３船として1926年（昭和元年）建造されたもので、先の「さんとす丸」「らぷらた丸」がスイス製スルザーエンジンに対して、国産初のディーゼル機関（三菱スルザー型）を搭載した特筆すべき船であった。1929年（昭和４年）に建造される「りおでじゃねろ丸」（9,627総トン）、「ぶゑのすあいれす丸」（9,626総トン）とともに移民船として活躍する。

　太平洋戦争が始まる直前の1941年（昭和16年）、本船によって初の見本市船が実施される。村井正氏の調査によると、５月21日14時神戸港を出港し横浜港へ寄り、５月26日16時に出港する。ロサンゼルス経由東廻り南米航路でブエノスアイレスへ。日本機械製造業組合連合会主催で「機械見本市船展示会」と称し、南米各地で展示会を開催する。中甲板の一部３等A、B室の一部延べ64坪を改装し、機械類を展示したという。工作機械、電動モーター、計器、ミシン、写真機など機械類見本300点の他工場模型、写真などを展示する。各地で2,000人以上の参

大阪商船「もんてびでお丸」絵葉書

「日本の客船黄金時代」より

観者があり、熱心に見学され、照会も多数あったという。同年9月1
日6時、神戸港に帰港する。

(2)平安丸

　戦後になって、兵庫県独自で特産物を貨物船に載せて外国に紹介す
ることを行っている。欧州定期航路ロンドン線再開第1船の日本郵船
「平安丸」(6,849総トン)は、県に依頼された特産品のサンプルケースを
サロンに飾り、ガラス製品、釣り道具、繊維製品などを紹介している。
船長に知事、市長、商工会議所会頭のメッセージを託し、ロンドン、
ハンブルグ、リバプールなど13都市に寄港している。1952年(昭和27年)
6月30日19時10分に神戸港を出港して4か月後の11月7日18時30分知
事らの出迎えを受けて帰港した。その間、各港で歓迎を受けたという。
竣工時 (1951年) には、戦後初めて6,000総トンを超える貨物船として、
昭和16年中止以来10年ぶりのニューヨーク航路再開第1船として名を
残し、翌年にはロンドン線の第1船としてのこの航海であった。第5
次計画造船で貨物船として初めて6,000総トンを超えた船で、日本郵船
発行の『七つの海で一世紀』には"戦後日本海運を幕開けた船"と称され
ている。

日本郵船「平安丸」絵葉書　　　「七つの海で一世紀」より

(3)美代玉丸

　兵庫県は「平安丸」に続いて、玉井商船の「美代玉丸」(7,243総トン)による「兵庫県世界一周巡航見本市」と名付けて実施する。新造されてすぐに、見本市船として1953年(昭和28年)4月1日10時20分神戸港出港し、シンガポール、セイロン島、モンパサ、ケープタウン、リオ、サントス、ブエノスアイレスを回り、8月3日10時に帰港した。船尾楼に16坪の展示場を設け、県の特産品120品を紹介し、各地で人気を集めたという。

　玉井商船は、第3次計画造船で「和玉丸」(2,302総トン　内航貨物船)を建造して以来その後も計画造船に応募を続けたが、7次まで適格船主になれず涙をのんできた。

　第8次計画造船で初めて外航貨物船として建造する。進水式では、高松宮宜仁殿下が「美代玉丸」と命名され、喜久子紀殿下が支綱切断され進水する。社史には"歴史を飾る記念すべき1ページ"と記されている。見本市船の後には、大阪商船に定期貸船され、北米定期航路の貨物船として就航する。三菱海運の「おりんぴあ丸」(7,463総トン)と同型船で、ともに新三菱重工(三菱重工)神戸造船所で建造される。木材運搬船としての資格を有していたという。

進水記念両面鏡：舵輪上には"美代玉丸
進水記念"と金色で書かれている。鏡は裏
表で倍率が違う、当時としては非常に珍しい
ものであった。

進水記念絵葉書　新三菱重工神戸造船所

戦後の国レベル主催の巡航見本市は、5隻の船（「日昌丸」「あとらす丸」「安芸丸」「さくら丸」「新さくら丸」）で約四半世紀続いてきた。1956年（昭和31年）の第1次機械巡航見本市から第13次巡航見本市、それに1979年（昭和54年）のボーティック・アメリカ（米国産品巡航見本市）まで、船による巡航見本市が実施される。

　第1次から第3次までは民間の貨物船や貨客船を備船して行われている。そのあと4次から9次までは「さくら丸」が務めている。「さくら丸」の後は「新さくら丸」によって実施された。貨物船による1次から3次までの見本市の実施内容（期間、開催地、来場者数など）については89頁に表としてまとめている。

（4）日昌丸

　1956年（昭和31年）12月に始まった第1次見本市船「日昌丸」は、東京船舶（前身は南洋海運）の貨客船である。1937年（昭和12年）に制定された優秀船舶建造助成制度を活用した姉妹船（日蘭丸の第2船）の1隻である。1939年（昭和14年）に三菱神戸造船所で生まれた船で、1等12名、3等56名の客船設備を持つ貨客船である。日本〜ジャワ、基隆〜ジャワ航路に就航した。

　戦後まで残った遠洋航路の貨客船は、日本郵船の「氷川丸」（11,622総トン）と本船ぐらいのものだった。のちに本船はインドネシアに備船され、メッカ巡礼船になったこともある。非常に稀有な生き方をした貨客船である。

　見本市船のための改装工事は新三菱重工神戸造船所で行われ、『三菱神戸造船所75年史』には次のように書かれている。

　　船艙に固形バラストを搭載することにより安定性を向上させるとともに、展示場床、壁面の取り付け、重量展示物の固縛、実演用動

力設備および照明の取り付けと塗装工事などを行った。

　このあとの見本市船の改装や新造はすべて同造船所で行われ、同書には「巡航見本市船といえばその後新造船も含め、当所で独占するところとなった」と書かれている。
　本船による巡航見本市の第１次は、1956年（昭和31年）12月から翌年３月まで東南アジア９か国９港である。日本機械輸出組合主催で日本機械巡航見本市（Japan　Machineray　Floating　Fair）と称し、船体にもこの英語文字が描かれている。

日昌丸絵葉書

記念切手の初日カバー
（消印は出港日）

(5)あとらす丸

　第２次の見本市船「あとらす丸」（8,235総トン）は、1951年（昭和26年）就航。大阪商船の貨物船で、「あめりか丸」の船体をベースに、高出力エンジン（10SD72型7,000馬力）を搭載して最高速力19ノットを出す。姉妹船に「あんです丸」があり、中日本重工（三菱重工）神戸が造った第６次計画船は両船の他に新日本汽船の「摩耶春丸」（6,391総トン）、追加

割り当ての澤山汽船「あらすか丸」(8,311総トン)がある。のちの9次計画造船の「ろんどん丸」や「すえず丸」は本船の同型船である。竣工時にはニューヨーク航路、1956年(昭和31年)からは欧州線に転じた。

　2次見本市は、1958年（昭和33年）12月から翌年3月まで中南米11か国12港および非公式開催2港である。本船から主催が変わり、日本産業巡航見本市委員会で日本産業巡航見本市と称し、船体には「Japan Industry Floating Fair」と描かれている。

　日本船で初めて遠心分離式油清浄機を取り付け、低質重油のディーゼル機関を使用して燃料を節約し、日本商船に指標を与えた。また、電動揚貨機に交流を採用したこと、鋼製艙口蓋板を装備したことも本邦初のものだった。

大阪商船絵葉書

あとらす丸　「巡航見本市25年の記録」より

(6)安芸(藝)丸

　第3次見本市船は日本郵船「安芸（藝）丸」(7,723総トン) が務めている。3次も2次同様に日本産業巡航見本市委員会主催である。本船は1954年 (昭和29年) 5月に三菱重工長崎造船所で建造された日本郵船高速ライナー Aクラス三島型貨物船6隻の1隻である。また「有田丸」などとともに本船は、全船に色彩調節を施した貨物船として新機軸を打ち出し、操舵室には初めてアルミ構造を採用した。ちなみに同造船所

で造られたあとの5隻は、「阿蘇丸」「有馬丸」「有田丸」「粟田丸」「熱田丸」である。三菱重工横浜造船所でもAクラスは5隻造られている。

1958年(昭和33年)6月26日、黒海航路第一船として横浜を出港する。

第3次には、左下のような日本郵船仕様のカラーを、船体はセルビアンブルー、3つの船楼をエメラルドグリーンに塗装して、1960年(昭和35年)10月から翌年2月まで大洋州・東南アジア9か国13港で実施している。見本市船就航後は豪州船路に就航。1965年(昭和40年)～1967年(昭和42年)の間に僚船の「有馬丸」「有田丸」などと共に冷凍艙需要増大のため改造を行った。

日本郵船絵葉書

安芸丸 「巡航見本市25年の記録」より

1次「日昌丸」2次「あとらす丸」3次「安芸丸」 巡航見本市開催一覧表
「巡航見本市25年の記録」より抜粋

次数 開催地域	東京港発 神戸港着 巡航日数 開催日数	開催地	使用船名 重量トン数 所属会社	来観者数	商談取引件数
第1次 東南アジア	S31.12.18 S32.3.6 79日 25日	サイゴン・バンコク・ラングーン・コロンボ・ボンベイ・カラチ・シンガポール・ジャカルタ・マニラ 9か国・9港	日昌丸 8,814DW 東京船舶	120,880人	約30,000件
第2次 中南米	S33.12.8 S34.5.4 148日 40日 +非3日	カリヤオ・バルパライン・ノエノスアイレス・モンテビデオ・サントス・リオデジャネイロ・ラガイラ・トルヒリヨ・ハバナ・バランキリア・バルボア・アカプルコ 非サンフランシスコ・ホノルル 11か国12港	あとらす丸 10,447DW 大阪商船	237,347人	約40,000件
第3次 大洋州 東南アジア	S35.10.31 S36.2.18 111日 43日	ウエリントン・オークランド・ブリスベーン・シドニー・メルボルン・アデレード・ポートスエッテンハム・シンガポール・バンコク・サイゴン・マニラ・香港・基隆 9か国13港	安芸丸 10,010DW 日本郵船	202,148人	約20,000件

「日昌丸」「あとらす丸」「安芸丸」と見本市船に選ばれる船は、当時のエース級の貨物船ばかりである。商談件数２万件～４万件と、その数は驚異的なものである。来場者数も10万人、20万人と開催地の数からして長蛇の列ができたことだろう。１次から３次までの見本市派遣団の名簿を眺めると、女性の名前が見当たらない。戦後、工業技術立国として製品を紹介し売ろうという使命感と意気込み、また敗戦国の悲哀を背負っての外国への長い航海を思うと、そのご苦労は私を含めて今の時代の人には想像がつかない。

このような下地があって、いよいよ「さくら丸」の登場となる。

巡航見本市船さくら丸誕生

1961年（昭和36年）６月１日、公益社団法人日本産業巡航見本市協会が設立される。世界にも例のない巡航見本市専用船「さくら丸」の建造、保有が実現する。建造決定までには予算をめぐって政府、協会、業界など紆余曲折があったようだが、本稿では触れない。協会は、1962年(昭和37年)１月15日を締め切りに船名募集を行った。賞金は10万円、同案者多数の場合は抽選とし、さらに残りの同案者より抽選で10名に5,000円を贈呈するというものだった。4,779通（ハガキ一枚につき１題）、2,338種の応募の中から決定された。

1962年（昭和37年）６月22日９時、新三菱重工(三菱重工)神戸造船所で進水する。(1964年６月１日三菱日本重工業、新三菱重工業、三菱造船は合併して新しい三菱重工業となる。以下、三菱重工とする)建造費23億5,000万円(うち国庫補助金16億5,000万円)、同年10月15竣工。

ここで「さくら丸」の要目や特徴をまとめておこう。

12,628総トン

起工　1962年(昭和37年)２月1日

載貨重量　見本市 5,801トン　移民往航 9,116トン　移民復航 10,626トン
長さ157m　　　幅21m　　　深さ11.9m
主機ディーゼル1基1軸　出力連続最大　9,800馬力　常用8,300馬力
最高速力20.19ノット
航海速力　見本市17.9ノット　移民往航17.1ノット　移民復航16.8ノット
見本市、移民往航、移民復航で載貨重量や航海速力が異なるのが興味深い

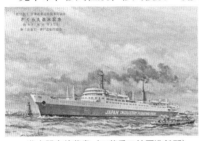
進水記念絵葉書（三菱重工神戸造船所）

Jiff　絵葉書

　本船の大きな特徴の一つは、自動化船であることだ。機関部制御室
でエンジンの大幅な自動化が可能になり、船橋操舵室よりエンジンの
始動や停止ができるようになった。本船が就航する前年の1961年（昭和
36年）、初めての自動化船として三井船舶の「金華山丸」（8,316総トン）
が就航する。次年に本船をはじめ、14隻の外航ディーゼル自動化船が
就航した。
　もう一つの特徴は、全船冷房であった点である。当時、陸上で冷房
設備を有する建築物はどれだけあっただろうか。船という限られた場
所で全船を冷房にする設計には大変苦労されたのではないかと推測す
る。
　さらに、煙突のないスマートな船体も大きな特徴である。それまで
の客船で、マストを排気筒とした有名船はホランド・アメリカライン
の「ロッテルダム」（37,783総トン）ではないだろうか。P＆Oの「キャン
ベラ」もセミアフトエンジンの客船として有名である。しかし本船のよ

うな形状の排気筒は、造船史上極めて稀なデザインである。いわゆる煙突のない客船で、雑誌『船の科学』1962年12月号には「従来の煙突を廃止して排気塔をマスト基部に収めた斬新なデザインとなっている」と記されている。

このスタイルに決定するまでには紆余曲折があり大変だったようである。『船の科学』1989年4月号に小野政雄氏が執筆された連載「客船の思い出(12)」は興味深いので、一部であるが引用してみる。

> 私はこの設計を担当したから、説明役の課長の補佐として毎回専門委員会に出席した。何しろ二週間に一回開かれる委員会毎に協会、運輸省、郵船、商船を始め各界の錚々たる権威者が、船自体が見本という前例のない船の設計に蘊蓄傾けられるわけだからアイデア百出、機関室の位置だけでも毎回船尾になったり中央になったり、煙突もついたり無くなったりということで、委員会毎に設計の根本から引っくり返す対応に奔命した。

『巡航見本市25年の記録』には"これまで世界に類例のない内容をもつ専用船の「設計仕様書」が作成された"と記されている。

あくまでも推測であるが、この煙突のない船型はわが国の内航客船にも影響を与えているように思う。本船の建造前に就航した加藤汽船「はぴねす」(725総トン)が、この形状の煙突であった理由は分からない。

本船就航前後の排気塔をマスト基部に収めた内航客船たちを表にまとめてみた。

船名	総トン数	竣工年	所属会社
はぴねす	725	1960年9月	加藤汽船
べっぷ丸	865	1962年7月	宇和島運輸
すみれ丸	2,694	1963年4月	関西汽船
こはく丸	2,698	〃　7月	〃　すみれ丸同型船

おきじ丸	854	〃 5 月	隠岐汽船
ぐれいす	1,057	〃 7 月	加藤汽船
おけさ丸	958	1964 年 3 月	佐渡汽船
さくら丸	1,153	〃 6 月	東海汽船

はぴねす べっぷ丸 ぐれいす

おきじ丸 おけさ丸 さくら丸

各船会社絵葉書 パンフレットより

この後も、この煙突なしの客船は多数建造されている。

一方、この時代のアフトエンジンの外国客船たちは次のような船である。

船名	総トン数	竣工年	所属会社
サザン・クロス	20,204	1955	ショウ・サヴィル・ライン
ロッテルダム	37,783	1959	ホランド・アメリカライン
キャンベラ	45,733	1961	P & O ライン
ノーザン・スター	24,731	1962	ショウ・サヴィル・ライン

上部構造とりわけ船橋甲板や救命艇などはアルミニウム合金構造とし重量軽減をはかるとともに、展示場の振動を最小限にするなど工夫がなされている。空調は、公室や居住区は高速通風、展示室は低速通風によるセントラル方式であった。移民航海のために、第 2 甲板に800

人分の寝台を設置可能とし、第 3 甲板には復航時それら寝台をはじめ
手荷物、毛布、郵便物など置くために取外式囲壁でできる格納所が造
られた。

（左上）ロッテルダム絵葉書　ロッテルダムはキング
ポスト型の煙突
（右上）キャンベラ　「P & O - ORIENT LINERS」
より　キャンベラやサザン・クロスは船尾機関
（左）サザン・クロス
「GREAT PASSENGER SHIPS 1950-1960」
より

初航海

　1962年（昭和37年）11月 4 日11時より新三菱重工神戸造船所 6 号岸
壁にて完工祝賀式と披露が行われ、午後から一般公開され2,500人が見
学したという。翌 5 日 8 時に神戸港を出港し、大阪、名古屋で披露して、
11月12日16時東京港晴海桟橋より第 4 次巡航見本市船として出港する。
見送り人は5,000人を超え、花火が 5 、 6 発上がる。
　「さくら丸」にとっては第 1 回目（処女航海）で、巡航見本市船として
は第 4 次の航海である。
　この航海（ 4 次巡航見本市）は、前掲した『見本市船さくら丸』の本に
詳しく紹介されている。筆者は産経新聞記者で、フランス語に堪能で、
団長の通訳として乗り込まれた。本船の性能や船型についてのくだり
があるので一部引用してみよう。

こんどの見本市で一番威張れるものの一つは、さくら丸である。船腹を薄青に塗り、白いデリックの間に、真紅の二本のメイン・マストをたてた色調もなかなかいい。それはカサブランカや、アレクサンドリアのような大きな港のなかに立つと、断然ほかの船を圧倒する力を示してくる。…さくら丸について、ヒップが大きい、大き過ぎる、という批判がでている。…こうなった主な原因は、機関室を後ろにもっていったからにほかならない。…さくら丸設計にあたっては、見本市協会側から特別な、しかも絶対的な注文がつけられた。"展示場は機関室の前後に切り離さず、相互に直接連続したものにしたい。それに見物人が往路と復路で交錯することなしに、一方通行で入口から出口にでられるようにして欲しい"というのがそれだ。

同記者は、設計責任者（委員長）の会田長次郎東大教授と「さくら丸」で同室であった。見本市船としての本船内部はどうなっていたのだろうか。再び引用する。

　　舷門をはいったところを一階とすると、大広間は二階に、談話室や貴賓室は三階にあたる。日本品の展示場、つまり見本市そのものは、地下一、二、三の三階にある。地下一、二階が一番大切なところで、主な製品は大体ここにある。ここにも小型自動車、ボート、それに織機のような重たいものもあるが、重い自動車類は地下三階に集められている。
　　観覧者は地下一階から三階までおりると、そこから二つの上り専門のエスカレーターを利用して、船の一階にまで戻ってこられる。

　展示場の様子を補足するため、前述の小野政雄氏の連載「客船の思い出(12)」から引用してみる。
　　展示場になる中甲板の床面には、陸上建築にはない、水密扉のコー

ミングや貨物ラッシング用の金物など、種々の突起物があるが、欧米では婦人客のハイヒールが引っかからないように、また、アフリカでは裸足の群衆が怪我をしないように、特別の配慮が必要だった。

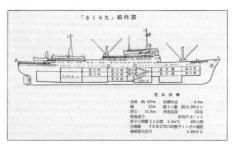

『見本市船さくら丸』より

　展示品 2 万点、出品社約700社、 1 坪ぐらいのブースに分かれ、A－1からM－41まで合計430あり、一周するのに所要時間は40分かかる。 1 ブースの使用費用は協会会員40万円、一般は50万円となっている。派遣団員は、乗船派遣団（常時船に乗って移動）、飛行機で先行し参加する航空派遣団、事務的な打ち合わせのために先行する先遣団、さくら丸の乗組員合わせて212名であった。

　船内の公室や設備の説明をすると、次のようである。

　エスカレーター　　アッパーデッキを中心に設けられ多数の見学者を運ぶ

　バンケットホール　 1 、 2 階ぶち抜けの豪華な食堂（客船時にはキャビンクラスのダイニングルーム）。緞帳を上げると200人収容の劇場になり、その他の催し物にも使用される。またカクテルパーティー開催時には500人を収容。この部屋をつくるために、東京の帝国ホテルや大阪のグランドホテルを調査したという。

　貴賓室（応接室）　本船で最もデラックスな部屋。ここで各国の元首をもてなし会見もする。

　1962年12月号雑誌「船舶」に貴賓室の説明が載っている。一部であるが引用してみたい。この船、この部屋にかける当時の意気込みが感じ

られる。

　上部エントランスホールの船尾に三方が遊歩甲板に面して独立して設けられた室で、見本市の場合は、各国の貴賓客の招待に供せられ、一般には移民船の場合も含め喫煙、演奏、カード遊戯、休息などに使用される。装飾デザインは室の特殊性を考慮して、現代日本的様式で優美と落着きのある豪華さを主調としている。装飾品としては船首サイドボード上部に"清晨"を主題とする群鶴を漆パネルとして装飾している。優美で桃山障壁画にみる絢爛たる豪華な気風を、光琳一派の装飾様式をとり入れて伝統的技法により、現代風に格調高く表わしたものである。船尾装飾壁にはこれと対象的に自然美と人工芸術の融合した抽象的造形が見られる日本の庭園、蹲石や白石砂をもって無限と幻想と空間を表わす日本的感覚を綴織で装着している。

ベランダ(社交室)　バンケットホールの２階側にある。採光をよくするための大きな窓は展望室も兼ねる
カクテルラウンジ　ハウスの前面にあり大きな窓から景色が眺められる
キャンバスプール　ボートデッキ後部に船客のためにスイミングプールが設けられる。

上左からエントランスホール、キャビン、貴賓室、ブリッジ
下左からバンケットホール、カクテルラウンジ、エスカレーター、遠隔機関室
『世界原色百科事典』より

巡航見本市専門船 "さくら丸" 一般配置図

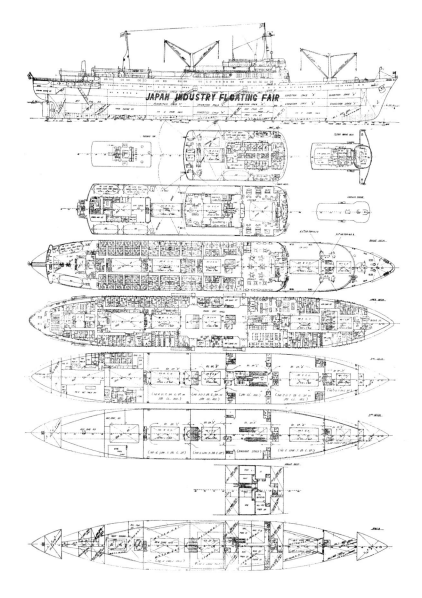

JAPAN INDUSTRY FLOATING FAIR

本船の見本市船としての6回(第4次～第9次)を表にまとめてみる。

次数 開催地域	東京港発 神戸港着 巡航日数 開催日数	開催地	来観者数	商談取引数
第4次 中近東 アフリカ	S37.11.12 S38.3.6 115日 36日+ 非1日	ジッダ・ベイルート・ラタキア・イスタンブール・ピレウス・カサブランカ・チェニス・トリポリ・アレキサンドリア・ポートスーダン・ダルエスサラーム・モンバサ 非シンガポール 12か国12港	194,058人	約20,000件
第5次 ヨーロッパ	S39.5.2 S39.9.1 123日 32日	ゼノア・バルセロナ・ルアーブル・ロンドン・ロッテルダム・ハンブルグ・コペンハーゲン・オスロ・イョーテボリ・アントワープ・リスボン 11か国11港	173,789人	約26,000件
第6次 東南アジア	S40.11.6 S41.3.2 117日 41日+ 非4日	基隆・ジャカルタ・ラングーン・マドラス・コロンボ・コチン・ボンベイ・カルカッタ・ポートスエッテンハム・シンガポール・バンコク・香港・マニラ 非那覇 10か国13港	200,228人	約53,000件
第7次 北米	S42.5.4 S42.8.30 119日 35日	サンフランシスコ・ロサンゼルス・ヒューストン・ニューオリンズ・ニューヨーク・モントリオール・ポートランド・シアトル・バンクーバー 2か国9港	90,232人	約27,000件
第8次 中南米	S44.3.3 S44.7.3 123日 32日	アカフトラ・カリヤオ・バルパライン・グアヤキルバルボア・ベラクルス・バランキリア・ラガイラ・サントス・ブエノスアイレス・モンテビデオ 11か国11港	126,814人	約17,000件
第9次 大洋州 東南アジア	S45.10.6 S46.1.23 110日 48日	オークランド・ウエリントン・シドニー・ブリスベーン・メルボルン・フリマントル・ジャカルタ・ポートスエッテンハム・シンガポール・バンコク・基隆・マニラ 8か国12港	187,119人	約32,000件

※「非」は、非公式の訪問

　第4次～第9次のトピックス的な出来事を少し紹介してみる。

　これは第4次から第9次までのどの次航でも驚きと称賛されたことであるが、「"さくら丸"それ自体が日本の発展を示すために大きな役割を果たしている」「この船は日本の高度の造船技術を結集して造られたものであり日本の誇りである」と。"船自体が見本"であるというコンセプトは、大成功だった。

　4次のイスタンブールでは、吹雪と寒気の中を長時間待つ長い列が

できたという。またジッダでは現地の強い要望があり、上流階級婦人270名と一般婦人500名を船に招待した。今まで婦人が公の場に出向くことは絶対なかった国で初めての試みで、開国以来の大ニュースになった。

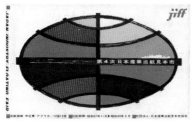 

第4次　日本産業巡航見本市の絵葉書（社団法人日本産業巡航見本市協会）
裏には第4次の巡航スケジュールが記されている。

　5次では、かつての日本商品は安かろう悪かろうのイメージがあったが、「さくら丸」によってそれは一掃されたと来観者が話したという。
　6次では、スカルノ大統領デヴィ夫人やイメルダマルコス大統領夫人も来訪された。
　7次では、アメリカ大統領ジョンソンからのメッセージが寄せられる。
　8次では、10年前の「あとらす丸」を記憶している人も多く、比較して日本の奇跡と称されたという。
　9次では、オーストラリアの有力紙が「日本はオーストラリアの将来の繁栄の礎を与えてくれるのだから“さくら丸”は歓迎すべき訪問者である」と論じている。それまでの日本のイメージを変える一つの大きな貢献をしたのだ。
　本船が就航した4次航見本市からは、それまでにはなかった団長夫人をはじめ女性が乗船するようになった。裏千家の方によるお茶の接待や舞踊が披露され、7次には草月流の華道家も乗船している。6次からは、組織的にもはっきりと地域別に3つに区切り、団長も3人いる。余談ではあるが、全国紙の記者もほとんど乗っていない中、なぜ

か５次の航海から高知新聞の社員や会長それに系列の高知放送の社員が次々に乗船している（６次は乗船者なし）。世界を見ようという趣旨で参加していたのだろうか。高知新聞記者が初めて参加した５次には特集で連載記事が載っている。

　見本市船は１年から１年半に１回実施されている。実施される前には必ず仕様を変えるために、三菱神戸造船所にドック入りをする。見本市船使用でない時は、大阪商船が裸傭船して客船、移民船や青年の船としても使われている。本船は出港する東京港が基点ではなく、常に神戸港が基点だったといえる。

移民船、太平洋航路客船としての「さくら丸」

　『船にみる日本人移民史　笠戸丸からクルーズ客船へ』（山田廸生著中公新書）によると、本船は南米に移民船として11回行っている。神戸港の記録「第二次世界大戦後からの神戸港」から辿ってみる。

　1963年（昭和38年）３月30日　南米移民乗せて横浜へ出港
　７月30日　南移民家族64人（単身30人うち花嫁さん10人）を乗せ、横浜へ出港
　1965年（昭和40年）５月28日　移民50人と一般客約170名乗船、30日横浜へ出港
　1966年（昭和41年）３月30日　移民41人を含んだ船客264人、横浜へ出港
　1967年（昭和42年）９月26日　最後の南米移住者24人を含む132人が乗船、名古屋に出港

　移民船の「さくら丸」の様子はどんなものだっただろうか。毛利武弘氏（商船三井元役員）「「さくら丸」から「にっぽん丸」へ」のレポートで次のように述べている。

　　移住船客の客室は艙内の中甲板のハッチ両舷に鉄パイプで組み立

てた「蚕棚」と呼ばれた２段式の仮設ベッドで、隣とはカーテン１枚で仕切られていました。食事は閉めたハッチの上に長テーブルを並べて供されましたが、寄港地で荷役があればハッチを開くので、テーブルは前後に寄せられました。ハッチの周りにはキャンバスを張って荷役の危険を防いだのですが、空調は貨物船としての通風だけで、南米西岸まで40日ほどの航海に耐えていたわけです。(筆者注：全船冷房なので間違いだと思われる)

　移住者のいない復航ではベッドは分解して収納し、綿花や砂糖などの貨物を積載して日本に戻りました。見本市航海では、このスペースが展示場となるのです。

　移住者の居住区、貨物室、展示場と目まぐるしく変わるホールドは、船員さん、事務員さんにとっては他船にはないご苦労があったのではないかと推測する。定員数は、見本市と移民船で次のように変わっている。

	見本市船航海時		移民船往航字時		移民船復航時	
船客	152人		キャビン 152人		キャビン 152人	
			３等　　800人		３等　　328人	
乗組員	士官	部員	士官	部員	士官	部員
甲板部	5	16	5	16	5	16
機関部	5	12	5	12	5	12
事務部	2	32	4	61	4	61
通信部	3		5		5	
医務部	1		1	5	1	5
小計	16	60	20人	94人	20人	94人
合計	228人		1,066人		594人	

見本市船時の船客室は、Ａ２人室×８室　Ｂ２人室×20室　Ｃ４人室×24室の計152人となっている。

2枚とも　大阪商船三井船舶の絵葉書

　客船としての本船についてよく分かるパンフレットがある。大阪商船三井船舶のパンフレット「楽しい船旅さくら丸　日本―香港―台湾」（以下パンフレットと略す）には次のようにある。

　商船三井は誇りをもって船客サービスに万全を期しております

　商船三井は日本で外航客船サービスを実施しております唯一の船会社であり、海陸全員この誇りをもって船客サービスに万全を期しております。

　いつの日か思い出すあなたの人生で最も充実した日々のために、商船三井の客船は最高のサービスを用意しあなたの乗船をお待ちしております。

　香港、台湾への観光旅行は商船三井の客船“さくら丸”でお気軽にお出かけください

　「海外旅行をしたいが船の中での外国語、チップなどがわずらわしいので…？」と考えこんでいらっしゃる方があれば、どうぞ商船三井の“さくら丸”をお選びください。

　船内ではもちろん、ことばのご心配、チップのご心配はまったくありません。お食事も洋食を原則としますが、ご希望によって和食も供食いたします。

　商船三井の客船“さくら丸”なら、国内旅行と変わりなく、お気軽に船旅の魅力を楽しんでいただくことができます。

パンフレットには次のような紹介もある。

催しもの：映画会、ビンゴゲーム大会、ダンスパーティー、デッキ
スポーツ、デッキランチ、室内ゲーム大会

船内サービス及び諸設備：ノーチップ制、冷暖房設備、売店、バー、
図書室、理髪室、美容室、子供室(ナーサリー)

船室：

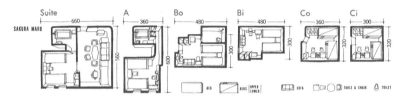

定員：

	Suite （2人部屋）	2部屋 （ 4名 ）	
キャビンクラス	A （ 〃 ）	6 〃	（12名）
	Bc （ 〃 ）	10 〃	（20名）
	Bi （ 〃 ）	10 〃	（20名）
	Co （4人部屋）	12 〃	（48名）
	Ci （ 〃 ）	12 〃	（48名）
エコノミークラス	Es （ドミトリー）	（288名）	
合計		（440名）	

（単位は円）

価格：

乗船港	下船港	横浜	香港	基隆	神戸
神戸	Suit	15,600	104,400	127,800	171,720
	A	10,000	75,600	93,600	123,120
	Bo	9,300	61,200	77,400	100,440
	Bi	8,500	55,800	68,400	90,720
	Co	7,100	45,000	54,000	74,520
	Ci	6,500	43,200	52,200	71,280
	Es	4,700	28,800	36,000	48,600

神戸・横浜～香港～基隆クルーズのスケジュール(空欄は不明)

	神戸	横浜	香港	基隆	神戸	横浜
15次 1968年	11月26日	27-28日	12月2-5日	7-8日		
16	12月11-12日	13-14日	18-21日	23-24日		
171968・69年	12月27-28日	29-30日	1月3-6日	8-9日	12日	
20次	11月23-24日	25-26日	11月30-12月3日	5-6日	9-10日	11-12日
21	12月9-10日	11-12日	16-19日	21-22日	25-26日	27-28日
221969・70年	12月25-26日	27-28日	1-4日	6-7日	10-11日	12-13日
23	1月10-11日	12-13日	17-20日	22-23日	26日	

　この日程では、14泊15日の神戸から神戸というクルーズで、一番安いEsクラスで48,600円である（中学生だった私にとっては高額に感じたが）。当時、大卒公務員の初任給が31,510円から比べるとどうであろう。一番安い部屋を使って1泊3,000円強である。

　神戸新聞にちょうど17次航の記事が載っている。それによると、神戸で118人を乗せ、横浜で300人が乗り満員で、若いOLや学生人気があると報じている。

　再びパンフレットを引用してみると、

　　商船三井の客船"さくら丸"なら経済的に船旅を楽しんでいただくことができます。

　例えば、横浜からご乗船になり香港で3日停泊、この間に十分に観光、買物を楽しみ、さらにマカオまで足を延ばすこともでき、また基隆では1日停泊、この間に台北の観光を楽しんで横浜に戻ってくるまでの3,513カイリ（約6,506キロメートル）15日間の船旅。船内ではオイシイ食事、カクテルパーティー、ダンスパーティー、映画会、フォークダンス、デッキランチなどの盛りだくさんの催しもので楽しさいっぱいの生活を満喫していただきます。この船賃が48,600円（エコノミークラスのドミトリータイプの料金、これには各寄港地での観光費用は含んでおりませんが）。寄港地では無料で船を食事つきのホテル代わりに使えるのですから、お手軽な料金と申

せましょう。

　このパンフレットが大阪商船三井船舶「さくら丸」について一番詳細
で"豪華"なものでなかったかと推測する。今回改めて読んでみて、少
年の頃、心震わした想いを同じように感じた。

もう一つの顔「青年の船」

　「さくら丸」は、巡航見本市船、移民船、クルーズ船などの顔のほかに、
青年の船という役割もしていた。それは当時として最大で最新の客船
だったから、政府肝いりの青年の船として相応しいと判断されたのだ
ろう。
　1967年（昭和42年）明治100年記念事業の一つとして総理府により青
年の船が企画される。各都道府県から青年男女が選ばれた選考も事前
研修も念入りに行われた。地方紙の一つである高知新聞にも何度も記
事になり、選考、実施、帰国の報告、その後のことなどが掲載された。
海外旅行が珍しい時代、国を背負って代表として海外で出て現地の青
年と交流する、まさしく当時の一大プロジェクトの感があった。第1
回出航日の1月19日付で記念切手も発行されている。
　記念切手の初日カバー3種類。スタンプの日付はいずれも出港日の
昭和43年1月19日となっている。

	期間	訪問地	参加人数	備考
第1回 1968年	1月19日～ 3月10日	台湾・タイ・シンガポール・ セイロン・インド・マレー シア・フェリピン・沖縄	男子201 女子90　計366人	高知県 男子2女子1
第2回 1968年	9月27日～ 11月20日	台湾・フィリピン・タイ・ シンガポール・マレーシア・ インド・セイロン	男子189 女子84	
第3回 1969年	9月27日～11 月18日	バンコク・シンガポール・ ジャカルタ・ポートスエッ テンハム・ラングーン・基 隆	青年225人	高知県6
第4回 1971年	2月5日～ 3月27日	フィリピン・インドネシア・ マレーシア・台湾（基隆）	計354人	
第5回 1971年	9月20日～11 月12日	タイ・マレーシア・ビルマ・ セイロン・シンガポール・ 台湾（基隆）	計約350人	

　青年の船の他にも、企業などの洋上カレッジ、研修クルーズ、青年会議所主催の「青年の船」や各県の船などにも使われている。1971年（昭和46年）7月8日～16日には、高知県の「青年の船」として東南アジアなどを訪れている。

　新しい見本市船、仮称第2さくら丸（新さくら丸）建造の資金づくりのため、マレーシアに10億円で売却する交渉を1970年夏ごろから進めていたが不調に終わり、翌年4月からは8億円に下げてフランスの有名な肌着メーカーのフレンチ・インダストリー社に売却が内定し、同社の見本市船として使用することになっていた。ところが、同年8月に起きたドルショックの為替レートの変動により契約が白紙に戻る。

　結局、三菱商事に買い取られ、大島運輸が運航することに決定。大島運輸の購入資金不足を一時的に肩代わりしてのことであった。1971年（昭和46年）11月15日「さくら」と改名する。なお、2代目の見本市船「新さくら丸」（13,082総トン）は翌年の1972年（昭和47年）7月に就航した。

Jiff　新さくら丸絵葉書

バケットホール

メインエントランスホール

大島運輸「さくら」そして中国へ

　約8,000万円をかけてプール、ボール・ルームの設置など改装が行われた後、1971年(昭和46年)12月22日、沖縄に向けて東京港を出港する。「波之上丸」(2,373総トン)の代船として、日本復帰後の旅客の増加とレジャーブームを計算して大幅な輸送量の増大を予想しての「さくら」投入であった。東京－沖縄の定期航路として、次のようなスケジュールで運航した。

　　　毎週水曜日正午　東京港発　毎週土曜日正午　那覇港発

東京－那覇間約1,600ｋｍを50時間かけて航海する。運賃(１人)はいずれも食事付きで、以下のようになっていて、東京－沖縄間の航空運賃は27,200円であるから格安であるが、時間がかかる。

等級	片道運賃
特一等	22,800 円
一等	15,870 円
二等	8,800 円

NBC 作さくら丸絵葉書

　東京⇔沖縄定期航路「さくら」(13,000トン型の豪華客船)の昭和47年(1972年)11月から翌年１月の時刻表によると、各月４便が主で、時に５便となっていて、次のように記されている。

東京出港(毎週火曜日16：00)

鹿児島出港(毎週木曜日11：00)

　翌朝金曜日　那覇入港

沖縄出港(毎週土曜日11：00)

また、東京〜鹿児島、東京〜那覇の料金は次
の通り。（東京出港時の料金）

ロマンの島 沖縄へ

日本最大の豪華客船
11,000トン型

さくら
SAKURA

Ａ大島運輸

旅行誌の広告

	特１等	１等Ａ	１等Ｂ	特２等	２等	学割
鹿児島	13,490	9,000	6,300	5,850	4,500	3,600
那覇	21,540	14,790	10,960	10,100	8,140	6,510

『世界の艦』1973年6月号の石渡幸二氏の条件レポートによると、
3月27日(火)午後4時東京港出港、3月29日(木)定刻11時谷山港出港、

大島運輸「新さくら丸」のパンフレット

3月30日（金）2時間余り遅れの午
前10時に那覇港着となっている。

　東京〜沖縄定期航路は、高速の
新造船「新さくら丸」が就航するこ
とになり「さくら」は1973年（昭和
48年）6月2日朝、那覇出航をもっ
て最終航となった。

特別1等客室

サロン

　見本市船を終わる時も、東京−沖縄航路の終了時も、次にバトンを
渡す船の名前は同名の「新さくら丸」であった。偶然とは言え不思議な

縁である。「さくら」は東南アジアクルーズに使用される予定とされて
いた。香港、釜山、グアムなどへのチャーターはあるが、実際は国内
チャーター便としての使用が多かった。「さくら」は不定期客船、今風
に言うとクルーズ客船として活躍することになる。不定期になると、
チャーター主やコースは常に変化する。

　そこで断片的ではあるが、神戸港の詳細な記録『第二次世界大戦後の
神戸港』から抜粋し、神戸港から見た本船の活躍を推測することにする。
年代別に表にまとめてみた。神戸港入港前の港を前港、神戸港を出港
しての行き先を次港と表している。なお空欄は不明である。

大島運輸「さくら」の絵葉書

1977. 10　長崎

1973年（昭和48年）

入港日	前港	次港	入港日	前港	次港	入港日	前港	次港	入港日	前港	次港
7.14	坂出	那覇	10.26	釜山	釜山	11.7	釜山	釜山	11.22	那覇	東京
7.19	那覇		10.29	〃	〃	11.10	〃	〃			
9.17	松山		11.1	〃	〃	11.13	〃	〃			
10.23	釜山	釜山	11.4	〃	〃	11.16	〃				

1974年（昭和49年）

入港日	前港	次港	入港日	前港	次港	入港日	前港	次港	入港日	前港	次港
2.1	仙台	那覇	3.23	広島		7.30	清水		9.4	四日市	
2.6	那覇	那覇	5.17	仙台	那覇	8.9	グアム	清水	10.22	土佐沖	
2.12	那覇		5.22	那覇		8.14	清水		11.6	那覇	

10月22日の入港は緊急入港であった。清水から基隆に向かう途中、潮岬沖で給水ボイラーが故障しクルーズ中止となり、神戸港に入港したものである。このクルーズは「台湾・沖縄船の旅」と銘打って、東邦トラベルが実施したものだった。

1975年（昭和50年）

入港日	前港	次港	入港日	前港	次港	入港日	前港	次港	入港日	前港	次港
1.13	那覇		7.16	香港		8.17	東京		10.11	那覇	
1.28	東京		7.18		渡久地	8.23	渡久地		10.17	〃	
2.2		香港	7.23	渡久地		8.28	〃		10.23	〃	
3.27	那覇		7.24		渡久地	9.10	那覇		10.29	渡久地	
4.1	〃		7.29	渡久地		9.16	〃		10.31		渡久地
6.18	八戸		7.30		渡久地	9.21	〃		11.5	渡久地	
6.24	那覇		8.4	渡久地		9.23	大分		11.12	〃	
7.6	細島		8.5		渡久地	9.30	鹿児島		11.23	小松島	
7.7		香港	8.10	渡久地		10.5	那覇				

　渡久地の表記は渡久地新港である。この年、頻繁に沖縄に行っているのは、沖縄国際海洋博覧会が7月20日から開催されたからである。この博覧会は翌年の1月18日まで行われた。

1976年（昭和51年）

入港日	前港	次港	入港日	前港	次港	入港日	前港	次港	入港日	前港	次港
4.28	東京		5.5	細島		5.29	名古屋		8.12	那覇	
8.16	那覇										

1977年（昭和52年）

入港日	前港	次港	入港日	前港	次港	入港日	前港	次港
5.26			9.22	松坂		10.28	大分	

1978年（昭和53年）

入港日	前港	次港	入港日	前港	次港	入港日	前港	次港	入港日	前港	次港
5.1	与論島		5・6	与論島		5.24	博多		5.27		
10.3	小樽	釜山	10.10	釜山							

1979年（昭和54年）

入港日	前港	次港	入港日	前港	次港	入港日	前港	次港	入港日	前港	次港
7.20	新潟	那覇	7.25	那覇		8.4	名古屋		11.14	坂出	

1980年（昭和55年）

入港日	前港	次港	入港日	前港	次港	入港日	前港	次港	入港日	前港	次港
4.16	大阪		8.3	徳山		8.29	東京		8.31		

1981年（昭和56年）

入港日	前港	次港	入港日	前港	次港	入港日	前港	次港	入港日	前港	次港
3.20	釧路		5.4	清水		8.5		那覇	8.14		
4.5	東京		5.23	徳山		8.12	博多		8.20		

　3月20日入港は、神戸ポートピア'81の開催初日に合わせてチャーター船で一番乗りしたものである。釧路から老人クラブ連合会の皆さんが乗船していた。なお、この年の6回の神戸港入港はポートピア博の港である。それ以降の神戸港の入港記録はない。チャーター船としてほとんど稼働しなかったのではないか、と想像する。

　1982年（昭和57年）5月11日付の毎日新聞は、「さくら」がカジノ船になると報じている。東京の観光企業が釜山市松島公園海上に大型客船を浮かべ、賭博を目玉に、ホテル、キーセンホール、プールを備えた施設を10月にオープンするという。1988年のソウルオリンピックでのホテル不足も視野に入れた構想で、「さくら」を予定して交渉中という記事である。結局、実現はしなかったようである。

　1983年、中国に売却される。船名を「紫羅蘭」（Zi Lo La　シーローラン　すみれの意）と変え、広州海運管理局のもと、11月30日から上海～広州間1,660ｋm、所要時間60時間、週1便の定期船として就航したという。その後クルーズ船として、香港、シンガポール、太平洋の島々、遠くはオーストラリアを訪れたこともあった。

1985年（昭和60年）10月24日、日本の市民との交流目的に中国の青年500人を乗せて天津港を出港する。博多、酒田、仙台、東京、名古屋、大阪と寄港し、11月15日天津港に帰着する。この航海が日本で見る最後の姿となった。

1985年11月12日　大阪港　石川浩一氏提供

そして2002年引退、その後解体される。

「さくら丸」に縁のあった船たちの要目と船歴

もんてびでお丸

竣工　　1926年8月14日

建造所　三菱長崎造船所

総トン数　7,627トン　重量トン数　7,299トン

全長　136.70m　　幅　17.10m　　深さ　11.00m

主機　D2基　7,028馬力　　最高速力17.6ノット　航海速力12ノット

船客定員　1等38名　2等102名　3等760名　乗組員数　116名

1939年　南米東岸航路よりフィリピン航路に転ずる

1941年9月　海軍運送船となり、開戦後はラバウルへの兵員、資材の輸送に従事

1942年7月1日　フィリピン沖で米潜水艦の雷撃により沈没

２枚とも大阪商船「もんてびでお丸」絵葉書

平安丸

日本郵船　第５次計画造船

竣工　1951年1月7日

建造所　三菱長崎造船所

総トン数　6,849トン　(6,724.11トン)

全長　132.00m　　幅　18.00m　　深さ　10.00m

主機　D　5,000馬力　　最高速力14.8ノット　航海速力13.5ノット

1951年7月20日　ニューヨーク航路再開第一船として就航

1952年6月24日　スエズ経由欧州航路再開第一船として横浜港出港

1970年　ギリシャのPaulcrown Cia.Nav.S..A.に売却 PAULCROWNと改名

1976年　ギリシャのEleftheria Niki Nav.に売却 ELEFTHERIA NIKI.と改名

1979年　カルタヘナで解体

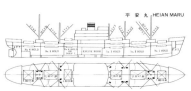

日本郵船「平安丸」絵葉書　　　　　　「船体写真集」より

美代玉丸

玉井商船　　第8次計画造船
竣工1953年3月10日
建造所　新三菱重工神戸造船所
総トン数　7,243トン
全長　132.00m　　幅　18.40m　　深さ　10.30m
主機　D　5,400馬力　　最高速力17.14ノット　航海速力14.1ノット
1965年10月30日　香港のContinental　Nav.＆Enterprise　Ltd.に売却
　　FORTUNE　ENTERPRISEと改名
1971年　パナマのSincere　Nav.Co.Ltd.に売却
1977年　香港のLoy　Keeに解体のため売却
1978年1月　香港に到着

「海と空」より

進水記念絵葉書の表紙

日昌丸

南洋海運→東京船舶
竣工.　1939年7月20日
建造所　三菱重工神戸造船所　同船型　日蘭丸
総トン数　6,526トン
全長　128.00m　　幅　17.40m　　深さ　10.30m
主機　T　4,500馬力　　最高速力17.627ノット
1等12名　3等56名
1945年7月6日　山口県仙崎湾口で触雷し小破

1949年7月16日　東京船舶の設立のため移籍
　　　12月　日立造船築港工場にて改装完成しA・B船級を取得
1952年　インドネシア政府に傭船されメッカ巡礼船として稼働
1956年　巡航見本市船に改装
1965年　石川島播磨重工相生にて解体　同年3月20日船籍抹消

「船舶史稿第27巻」より　　　　　　　「巡航見本市25年の記録」より

あとらす丸

大阪商船　　第6次計画造船
竣工　1951年9月6日
建造所　中日本重工(三菱重工)神戸造船所
総トン数　8,235トン
全長　134.00m　　幅　19.00m　　深さ　11.8m
主機　D　7,000馬力　　最高速力18.7ノット
1972年　パナマ籍　Storoaと改名
1974年　Chieh　Theと改名
1979年　西ドイツ籍　Tom IIとなる。同年解体

大阪商船あんです丸・あとらす丸　絵葉書　　　　　見本市船出港風景

安芸丸

日本郵船　　第9次計画造船

竣工　1954年2月5日

建造所　三菱造船(三菱重工)長崎造船所

総トン数　7,723トン

全長　140.00m　　幅　19.00m　　深さ　10.50m

主機　D　8,600馬力　　最高速力19.674ノット

1972年8月3日　大和海運(大阪)に売却　第二さもあ丸と改名

1974年　　丸喜船舶(東京)に移籍

1976年　パナマのCelebes Maritime Carriers に売却 CELEBES CAREER
と改名

1980−1981ロイドレジスター掲載　　以後不明

「商船建造の歩み」より　　　　　見本市に出る2日前 1960.10.29 撮影
　　　　　　　　　　　　　　　　　　　　「世界の艦船」より

新さくら丸

竣工　1972年7月18日

建造所　三菱重工神戸造船所

総トン数　13,082.07トン→17,389トン

全長　175.8m　　幅　24.6m　　深さ　14.8m

主機　D　21,600馬力　最高速力23.6ノット　航海速力18.00ノット

1972年　乗客定員92名の巡航見本市船として建造

1980年　商船三井に売却 大改造後乗客定員552名のクルーズ客船になる

1990年　ウエルデッキを塞いで多目的ホールを新設　総トン数が17,389
　　トンとなる

1999年　引退
2001年　解体のため売却

改装前後の「新さくら丸」　3枚とも商船三井客船絵葉書

波之上丸

大島運輸
竣工　1962年3月20日
建造所　佐野安船渠
総トン数　2,245トン　重量トン数1,224トン
全長　91.20m　　幅　12.80m　　深さ　5.7m
主機　D2基2軸　　4,050馬力　　最高速力　19.2ノット　　航海速力
17.00ノット
乗客定員　1等108名　2等336名　乗組員数51名
東京～鹿児島～沖縄航路就航
神戸～奄美大島(各島経由)～沖縄航路
鹿児島～奄美大島～徳之島～沖永良部島～与論～沖縄航路
1975年　フェリピンに売却　Tacloban　Cityと改名

大島運輸「波之上丸」絵葉書　「SANOYAS 80年の歩み」より

新さくら丸

大島運輸

竣工　1973年5月31日

建造所　三菱重工下関造船所

総トン数　4,998トン　重量トン数2,909トン

全長　143.40m　幅　16.80m　深さ　7.2m

主機　D2基2軸　16,000馬力　最高速力　24.7ノット　航海速力22.50
ノット

乗客定員　1,288名

1979年12月　フェリピンのネグロス・ナビゲーション社に売却　Dona
Virginiaと改名

進水記念絵葉書　三菱重工下関造船所　　大島運輸「新さくら丸」絵葉書

[参考文献]
　巡航見本市 25 年の記録　社団法人日本産業巡航見本市協会　昭和 56 年 3 月
　見本市船さくら丸　小山房二著　文芸春秋新社　1963 年 7 月
　新三菱神戸造船所 50 年史　昭和 32 年 4 月
　三菱神戸造船所 75 年史　昭和 56 年 11 月
　大阪商船株式会社 80 年史　昭和 41 年 5 月
　創業百年史　大阪商船三井船舶　昭和 60 年 7 月
　商船三井船隊史　野間恒著　平成 21 年 4 月
　70 年史　日本郵船株式会社　昭和 31 年 7 月
　日本郵船株式会社百年史　昭和 63 年 10 月
　玉井商船社史 70 年の航跡　平成 11 年 5 月
　船体写真集　日本郵船株式会社　昭和 42 年 4 月
　七つの海で一世紀　日本郵船創業 100 周年記念　船体写真集　昭和 60 年 10 月
　日本郵船船舶 100 年史　木津重俊編　海人社　1984 年 9 月
　商船建造の歩み　1887 － 1958　三菱造船　昭和 34 年 8 月
　SANOYAS　80 年の歩み　　平成 2 年 9 月
　百年の航跡　隠岐汽船　平成7年 10 月
　MODERN　CRUISE　SHIPS、1965 － 1990 WILLIAM　MILLER、Jr 著 Dover 1992
　P & O - ORIENT　LINERS　　WILLIAM　MILLER 著　AMBERLEY 2014
　GREAT PASSENGER SHIPS 1950-1960　WILLIAM　MILLER 著　The History Press 2016
　船舶史稿　各号
　世界の船　各号　朝日新聞
　船舶写真集　各年号　船舶技術協会
　世界の艦船別冊　日本客船の黄金時代 1939 － 41　海人社　平成 16 年5月
　世界の艦船別冊　日本の客船2　1946 － 1993　野間恒　山田廸生著　海人社　1993 年 10 月
　雑誌「船の科学」　各号　船舶技術協会
　雑誌「世界の艦船」　各号　海人社
　雑誌 「船と港」各号　船と港編集室
　雑誌「船舶」各号　天然社
　雑誌「海と空」各号　海と空社
　JTB 旅　各号
　船からみた「第2次大戦後から半世紀の神戸港」花谷欣二郎、村井正 編集　2013 年 12 月

瀬戸内海多島美を楽しめた長距離フェリー
—広島グリーンフェリー小史—

広島グリーフェリーの設立は、1971年(昭和46年)1月21日(20日)である。外航海運のジャパンライン（後のナビックスライン→商船三井）の関連会社として、広島銀行、中国電力、東洋工業、中国電気工業など広島財界の中心的な会社によって設立される。資本金は10億円（5億円）である。社長は、ジャパンラインの専務が務める。同じ航路に申請を出していた近畿中国フェリーを同年10月1日付で吸収合併する。ジャパンラインは同年11月1日、博多グリーンフェリー（大阪～博多航路、7,000トン級1隻で2日に1便）を博多財界や山下新日本汽船と共同出資し設立、神戸ポートアイランドコンテナふ頭第二岸壁を借り受け、航路開設を目指したが実現には至らなかった。

　1972年(昭和47年)1月31日、第一船「グリーンエース」(5,955総トン)が就航し、大阪～広島342ｋｍを9時間30分で結ぶ。これは阪九フェリー、川崎近海汽船（貨物フェリー、芝浦～苫小牧航路）、ダイヤモンドフェリー、新日本海フェリー、日本カーフェリー、セントラルフェリー、宮崎フェリーに次ぐ、長距離フェリー航路8番目の開設である。翌日2月1日付地元紙中国新聞には「"でかい""速い"ジャンボフェリー　揺れ少なく快適な旅　観光船兼ね豪華な船内」と見出しが出ている。ジャパンライン10年史は「広島／大阪間を9時間で結ぶ海の新幹線」と記している。「エース」は当時、瀬戸内海航路に就航するフェリーのうちで最高速であった。陸路では、幹線の国道2号線でさえ2車線で（渋滞が激しかった）広島、大阪間約300キロを走るのに夜間でも8時間以上かかっていた。3か月後の4月16日には同型船「グリーンアロー」(5,937総トン)が就航し、これにより大阪、広島発ともに朝、夜2便体制が出来上がり、デイリーサービスが確立される。

　建造所は広島県呉市川尻町の神田造船所で、同社は1937年(昭和12年)に呉海軍工廠の指定工場として大型上陸用舟艇などの建造を目的に創業、昭和30年代から本格的な新造船に乗り出し、それまで貨物船など

の他にフェリーや客船を造ってきたがいずれも1,000総トン以下で、この姉妹船2隻が初めての大型、長距離フェリーであった。近年は数々の大型フェリーや客船を造っていて、客船メーカーの一角を占めている。

　船体中央のファンネルはダミーで、色は社名に合わせてグリーン、船体の帯もグリーンのスマートな船である。

グリーン　エース

竣工　1971年12月24日

総トン数　5,955トン

全長　135.13m　　全幅　22m　　深さ　7.5m

主機ディーゼル　16,020馬力(11,160馬力)

最高速力　22.87ノット　航海速力21.5ノット

旅客定員　1等98名　特2等188名　2等574名　ドライバー76名　計
　936名(948名)

乗用車110台　バス・トラック76台

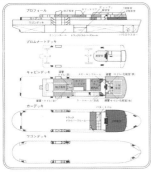

（下左）グリーンフェリーパンフレットより

（下右）写っているのはグリーンアロー
　　　3枚はグリーンフェリーの絵葉書

グリーン　アロー

竣工　1972年4月5日

総トン数　5,937トン

全長　135.26m　全幅　22m　深さ　7.5m

主機ディーゼル　17,800馬力(11,160馬力)

最高速力　23.26ノット　航海速力21.5ノット

旅客定員　1等98名　特2等188名　2等574名　ドライバー76名　計936名
　※パンフレットにエースと同じと載っているが、アローには特等があ
　るので正確ではないと思われる。

乗用車110台　バス・トラック76台

2枚とも絵葉書

　両船は、ダミーの煙突を除くと後に同じ造船所で造られる、同型船
二隻西日本フェリー「つくし」(のちに阪九フェリーに売却され「第十六
阪九」と改名。5,687総トン)と「はかた」(のちに阪九フェリーに売却さ
れ「第十七阪九」と改名。5,748総トン)によく似ていると以前から思っ
ていた。

（左）つくし　（右）はかた　（西日本フェリーパンフレットより）

ダイヤは下の通りで、大阪、広島同時発着である。

	広島発	大阪着	大阪発	広島着
朝便	9：20→	18：50	9：20→	18：50
夜便	21：00→	6：30	21：00→	6：30

のりばは、広島は出島フェリーふ頭、大阪は南港フェリーふ頭である。
　出島フェリーふ頭（広島駅から車で15分　国道2号線より京橋川の御
幸橋東側沿い道路を南下4km）現在この場所は埋め立てられコンテナ
ターミナルなどになっていて、のりば跡もない。フェリーや高速船で
広島港（宇品港）入港直前、左舷側に見える可動橋は広島国際フェリー
ボート（広島～釜山）のもので、これも今は使われていない。

出島フェリーふ頭

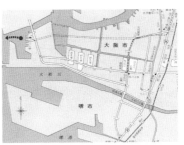
南港フェリーふ頭

現在の出島岸壁で、フェリー乗り場は埋め立てられて存在しない。
国際フェリーボートのターミナルが右手に小さく見える。

料金は次の通りである。

等級・航送料	金額　（円）
2等	1,300
特別2等	2,000
1等	3,500
5ｍ未満乗用車	5,500

初期のパンフレットには下記のように書かれている。

　イライラ陸路の国道2号線をさけて、すばらしい瀬戸内海の船旅を楽しみませんか。美しい島々、心地よい潮風、広いプロムナードデッキでの語らい…。ハネムーンのカップルにも、レジャー客にも、思い出がいつまでも心に残る船旅です。

　そして、グリーンフェリーの旅は2倍楽しめます。船旅が終わると、また新しい旅が始まるからです。レジャードライブよし、クルマなしの方も、レンタカーや他の交通機関で、今まで以上にでっかいレジャーが楽しめます。

少し時間がたってからのパンフレット（次頁上）も瀬戸内海のすばらしさを強調している。

　　　　船旅の楽しさ、瀬戸内があなたの前に

ある詩人は
波静かな瀬戸内に
宝石をちりばめたように浮かぶ
大小の島々・・・・
伝説を秘めた島もあれば
白砂青松の浜に
さんさんと陽光のみが降りそそぐ
名も知れぬ小島もある

この美しい瀬戸内を
「仙女の海」とたたえました
グリーンフェリーは
この仙女の海を行く
やすらぎの航路
レジャーに　ビジネスに
船旅のもつ
そこはかとない旅情を
おたのしみください

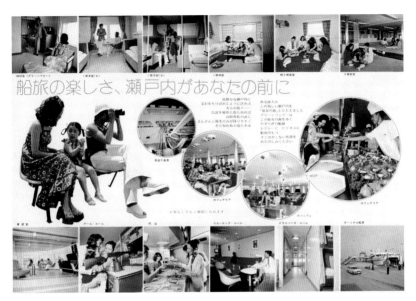

船旅の楽しさ、瀬戸内があなたの前に

これがフェリーのパンフレットの言葉だろうかと疑問がわくほどの瀬戸内海賛歌？である。夜便にはまったく当てはまらない美辞麗句が並んでいる。この船内写真は、「アロー」のものと思われる。

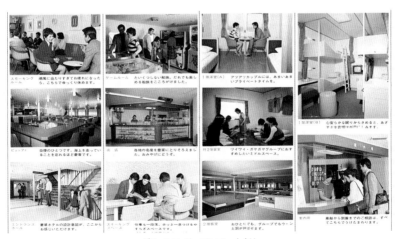

グリーンフェリーパンフレットより

両船の設計はジャパンラインの工務部が担当したが、客船の建造は
経験がなかったので苦労をする。船型に比べて主機関の出力が大きい
ので振動の軽減が問題になったという。ギャレイには、当時としては
珍しかったアメリカ製の自動皿洗い機や自動製氷機が使用されている。
また当時のフェリーのドライバールームは、かいこ棚式のものが多かっ
たが、本船は 2 段ベッド 4 人部屋の区画にした。1973年度乗用車積載
台数が最も多く、92,500台、利用率実に97％である。トラックの方は
52,600台と、51％であった。

　1973年（昭和48年）5 月20日午後 6 時 8 分、「エース」は大阪港 1 番灯
浮標付近にシフト中、砂利運搬船「第五天祐丸」（198総トン）と接触する
事故を起こす。幸い損害は軽微。この日は、午前 1 時15分、近海郵船
「まりも」（9,235総トン）が釜石沖で漁船と衝突、午後 6 時過ぎには九州
郵船「フェリー壱岐」（391総トン）が壱岐海峡で漁船と衝突している。前
日の 5 月19日には播磨沖で四国中央フェリー「せとうち」（950総トン）
が炎上沈没するという大事故が起こっている。フェリーの安全が社会
問題になっていく。

　私が1974（昭和49年）年 7 月11日に広島→大阪南港へ「グリーン エー
ス」に乗船したの記録がある。
　　定刻 9 時に出島岸壁を出港する。部屋はブリッジ下の一等洋室A
　二人部屋を一人で使う。（当時は、定員を満たさない場合、その分の
　料金や半額を上乗せするシステムや制度はなかった。いい時代だっ
　た）窓からは行き交う船がよく見える好位置である。客は少なく天気
　は薄曇りときどき雨。11時50分ごろ来島海峡を通過。それを知らせ
　る船内放送がある。船内設備はカフェテリア、ビュッフェ（開かれ
　てなかった。後に船員食堂になったという）、展望室、スモーキング

ルーム、ゲームルーム、売店。カフェテリアの食事は、六角形のお盆に好みのものを取るセルフサービスである。今で言うカフェテリア方式。その当時、この方式で食事をとるのは一般のファミレスやレストランにはなかったのでは？　長距離フェリーでしか経験しなかったように思う。

　窓からは実に多くの船が見えた。護衛艦「いかづち」、神戸商船大「深江丸」、四国中央フェリー「いしづち」を抜き、13時45分には左舷遠くに関西汽船「むらさき丸」級を見る。低速航行の川崎汽船「八重川丸」とすれ違い、高松沖では新造船「讃岐丸」を見て、阪神バイパスフェリーから移籍したばかりの宇高国道フェリー「泉州」が横切って行った。神戸沖では船が多く、２隻のコンテナ船が走り、南港では三井近海「樽前山丸」とほとんど同時に入港する。南港には「フェリーはこざき」「ぺがさす」「ごーるでんおきなわ」がいた。19時に接岸する。

当初の時刻表とは、若干時間が変更になっている。私が乗船したのは、この時刻表の頃だった。運賃は変わらず、「グリーンアローの特別室（定員２名）は１等運賃の別に（他に？）使用料10,000円（１室）を申し受けます」というような注がついていた。「アロー」には従来の特等があり「エース」にはなかったので、このような処置がとられた。

	広島発	大阪着	大阪発	広島着
朝便	9：00 →	19：00	9：20 →	19：20
夜便	21：20 ,	7：20	21：00 →	7：00

1975年（昭和50年）６月11日から３隻目の「グリーンアーチ」が就航する。「アーチ」は旅客、乗用車の搭載を減らし、トラック搭載を増加しているのが特徴で、外形にもその特徴が出ていて「エース」級と比べるとダミーファンネルもなく客船らしさからは遠ざかっている。船名は、一般公募によって決定された。

グリーン　アーチ

神田造船建造

竣工　1975年5月30日　就航1975年6月11日

総トン数　5,449.73トン → 改装後　5,552.96トン

重量トン数　2,200トン

全長　129.04m → 改装後　137m　　全幅　22m　　深さ　7.5m

主機ディーゼル　20,800馬力

最高速力23.775ノット　航海速力21.2ノット

旅客定員　1等66名　特2等90名　2等260名　ドライバー62名
　　計478名(477名)／改装後　特別室18名　特等48名　1等102名　2等
　　597名　ドライバー62名　計827名

乗用車38台　トラック8トン　104台　→　改装後乗用車38台　バス・
トラック88台

グリーンアーチ絵葉書

　「アーチ」の就航で朝便は休航になる。事実上の廃止である。夜便は
隔日で2便となり、従来の夜便に「アーチ」が1日おきに両港を発着す
るという変則なダイヤとなる。

時刻表：

	広島発	大阪着		大阪発	広島着
第1便アーチ 月水金	19：30 →	05：30	第1便 毎日	21：00 →	07：00
第2便 毎日	21：20 →	07：20	第2便アーチ 火木土	22：40 →	08：55

朝便廃止の理由は、トラックなど貨物自動車が夜目的地に着いたのでは荷さばきができず不便であることであった。この当時は、燃料高騰や不況のために他のフェリー会社も減便に追い込まれていた。同年5月11日より大阪高知特急フェリーが朝便を休止、またダイヤモンドフェリーも土曜日曜を臨時休航。その頃、親会社のジャパンラインの業績は急激に悪化の道をたどり、1978年（昭和53年）3月期には経常段階で246億9,600万円の赤字、税引き後で214億1,000万円の赤字となる。

　3隻で2便を運航するのでどうしても変則になる。途中でダイヤを若干変え、料金も下記のように大幅に値上げしている。特別室使用料も値上げをしているのがわかる。

料金表：

等級・航送料	金額　（円）
2等	1,900
特別2等	3,000
1等	5,200
5ｍ未満乗用車	8,300

注）グリーンアローの特別室（定員2名）は1等運賃の別に使用料12,000円（1室・税込）を申し受けます。

　1977年(昭和52年)5月8日付でダイヤが変更になり、1日1便体制になる。空いた船でレストランを営業するが増収にはつながらなかった。

時刻表：

広島発	大阪着	大阪発	広島着
21：00→	7：20	21：00→	7：10

料金表：

等級・航送料	金額　（円）
2等	2,600
特別2等	4,100
1等	7,100
5ｍ未満乗用車	11,200

　このダイヤ改正でも値上げをし、当初の運賃からすれば2倍なっているのが分かる。

同年11月には余剰船となっていた「アロー」はギリシャのANEK社（パナマ船籍）に売船され、「Epirus Argo」（ARGOの資料もある）と改名。ギリシャのボーロス〜シリア間に就航、その後1978年「Kriti」と名前を変える。さらに、1996年「Super Naias」（11,334総トン）と改名。1999年スーパー・ナイアスシッピングに移籍「Ex-press Aris」と改名する。2004年5月解体のためインドに売却される。

ラメール 2007 年3・4月号より

　同年５月から神田造船所付近に係船していた「アーチ」を改装、２等船室を増やし旅客定員478名から倍増に近い827名とし、食堂を設ける等旅客設備面も充実させ、総トン数も5,553トンに増えている。11月６日から同じ広島〜大阪航路に復帰し、以後は「エース」と「アーチ」で航路を維持することになる。

　時期は不明であるが、等級に特等が加わっている。「エース」はそもそも特等の部屋はなく、１等(A)が最上級の部屋であった。増トンしていないので改造しているわけではない。となると、１等(A)の部屋を特等として値段を上げた可能性が高い。

等級・航送料	金額　（円）
２等	3,200
１等	5,400
特等	8,500
５m未満乗用車	13,500

就航船はエースとアーチ（「全国フェリー・旅客船ガイド」1979年11月20日発行）

1年後の改定では下のようになっていて、ダイヤは目的地に前ダイヤと同じ時刻に着くために出発を早めている。速度を遅くして燃料費を節約しているのである。また、料金も跳ね上がっているのが分かる。推測が正しければ、初期の1等（A）と同じ部屋の値段が特等と称して10年足らずで3.5倍になっている。

時刻表：

広島発	大阪着	大阪発	広島着
20：20 →	7：20	20：20 →	7：10

運賃大改定号「全国フェリー・旅客船ガイド」1980年6月25日発行

料金表：

等級・航送料	金額　（円）
2等	4,100
特2	6,100
1等	8,200
特等	12,000
5m未満乗用車	16,000

　1981年（昭和56年）10月には両船の定員を「エース」が936名から655名に、「アーチ」も827名から572名に縮小し、利用客サービスの向上を図ったが業績は伸びず、1982年（昭和57年）3月末休止予定であったが、海員組合の同意が得られず4月29日をもって航路休止となり、4月末日をもって廃止になった。

　要因としては、1975年（昭和50年）岡山〜博多間の新幹線開通、1978年（昭和53年）中国自動車道の広島延伸、上述したようにオイルショックによる運賃値上げによる乗客、車輌ともに激減したことである。

　昭和55年度は、旅客数10万7,000人（ピーク時比53.3％）、車輌7万1,000台（ピーク時比51.3％）となっている。借入残高は、「アーチ」が15億4,700万円、「エース」が6億3,700万円と言われ、累積赤字は52億円である。

　グリーンフェリーの存在期間は10年間であった。「世界の艦船」1982

年５月号では、陸上自動車交通との競争に敗れた例として、同社のほかセントラルフェリー、フジフェリーを挙げている。広島グリーンフェリー廃止の年1982年１月31日には、日本カーフェリー細島〜広島航路の事実上の廃止（前書145〜148頁掲載）、同年３月１日には関西汽船別府〜松山航路が廃止され、広島鉄道管理局は昭和21年から続いていた仁堀航路を同年７月１日に廃止するに至った。

その後の「エース」と「アーチ」

「エース」と「アーチ」の２隻は建造された神田造船所沖に係船され、同年（1982年）９月に来島興産（来島どっく）に売却され、来島どっく系列のダイヤモンドフェリーに傭船される。来島どっくで改装され、「エース」は「おくどうご６」に改名、総トン数も6,379トンとなっている。「アーチ」は「おくどうご８」と名前を変え、ブリッジ甲板に客室を増設し、トン数も6,135総トンに増トンされている。「おくどうご６」のデッキには、今では考えられないゲートボール場があったという。２隻は「おくどうご」(4,440総トン)、「おくどうご２」(4,852総トン)との代替え船として12月28日同時に大分〜松山〜神戸間に就航した。これにより車輌輸送が強化される。

実はこの年の６月、同じ来島系列の関西汽船とダイヤモンドフェリーは業務提携し、営業体制を一本化。ダイヤモンドフェリーは10月22日松山〜神戸間の一般旅客免許を取得し、念願の車輌を運転する客だけでなく、車なしの一般乗客扱いが可能になる。宣伝には"お車なしでOK"と書かれている。「フェリーゴールド」(4,708総トン)、「フェリーパール」(4,705総トン)との僚船となり、４隻で運航する。

次は時刻表である。

	大分	松山	神戸	神戸	松山	大分
1便	15：30発	19：55発	6：00着	18：30発	4：10着	9：10着
		20：35着			4：40発	
2便	17：50発	22：15着	8：30着	22：30発	6：50着	11：20着
		22：40発			7：20発	

おくどうご6

松山観光港入港　1986.4.29

大分港　1989.5.3
カラー写真3枚は藤本敏男氏撮影

おくどうご8

星の浦係船中 1991.2.24 奥は「ゆふ丸」

料金表：

大分／神戸	特等	12,300
	1等	9,800
	2等	4,900
	5m未満車輌	18,500
大分／松山	特等	3,800
	1等	3,000
	2等	1,500
	5m未満車輌	7,500
松山／神戸	特等	8,500
	1等	6,800
	2等	3,400
	5m未満車輌	12,500

昭和55年5月31日改定
（旅客船・フェリー時刻表より）

1986年（昭和61年）7月14日午後9時35分ごろ、濃霧注意報の出ている来島海峡を航行中の「おくどうご6」は、岡山県日生町の松井タンカー所有ケミカルタンカー「三典丸」（199トン）と衝突し、その10分後に東京の朝日海運所属オイルタンカー「伊勢丸」（699トン）とも衝突する事故を起こす。幸い修学旅行生を含む387人にはけがはなかったが、相手方の船員がけがをする。

　「ブルーダイヤモンド」（9,447総トン）が1990年（平成2年）7月23日に就航すると、「おくどうご6」は引退する。同年、ギリシャのGA・FERRISに売却され、「Marina」と改名、後部デッキの増設やブリッジ周りなど大幅に改造され、7,895総トンに増トンされている。エーゲ海の島々とギリシャ本土を結ぶ航路（ピレウス～ロードス間の資料もある）に就航する。ネットの情報によると、2006年11月引退、解体されたという。

「世界の艦船」より

　一方、「おくどうご8」は、「スターダイヤモンド」（9,453総トン）が1991年（平成3年）2月5日に就航すると引退する。同年、「アロー」と同じ会社であるギリシャのANEK社に売却され、船名を「Kidon」と変え、ギリシャのパトラを基点にコルフ、イグメニツァ、イタリアのトリエステ間に就航、のちに「Kydon」と変更する。1996年（1995年の資料もある）「Talos」と改名する。1999年同じくギリシャのL.A.N.に売却され、「IERAPETRA L」（12,891総トン）となってピレウス～アイオスニコラオ

ス(クレタ島)、シティア～カソス島～カルパトス島間に就航した。ネットの情報によると、今でも元気に活躍しているようである。

ラメール　2007年3・4月号より

広島グリーンフェリーのパンフレット類はいくつか持っているが、船旅の良さや「エース」「アロー」の船内など楽しさが伝えるものが多い（「アーチ」のものは所有していない）。白の船体にグリーンのファンネルと帯、カタカナ表記の船名、当時はモダンな感じがした。パンフレットの他にカレンダーやマッチ、ステッカー（今は見かけなくなったが、当時は各社作っていた）などノベルティグッズも作っている。これらを見ていると、今では（瀬戸内海を昼に通るコースの）クルーズ船にでも乗らない限り、味わうことができない瀬戸内海の多島美を思い出す。

マッチ

名刺大のカレンダーの表紙

3種のステッカー

［参考文献］
　　ジャパンライン 10 年史　昭和 51 年 2 月
　　ジャパンラインの 25 年　海事プレス社編　1991 年 11 月
　　ジャパンラインの悲劇　結城三郎著　啓明書房　昭和 54 年7月
　　移りゆく広島湾と暮らし　中国新聞社　1985 年5月
　　瀬戸内造船業の攻防史　寺岡寛著　信山社　2012 年 8 月
　　日本のカーフェリー　ーその揺籃から今日までー　海人社　平成 21 年
　　雑誌「世界の艦船」　海人社　各号
　　雑誌「船の科学」　船舶技術協会　各号
　　旅客船・フェリー時刻表　日本海事通信社　各号
　　雑誌「ラメール」　日本海事広報協会　各号
　　船舶部会「横浜」会報

造船ニッポンから造船不況、そして終焉へ
―高知３造船所の生きざまから―

これまでフェリー会社と客船を主に書いてきたが、造船会社も私の興味対象で、そのウエイトは大きい。かつては世界の造船量の50％を占めていた日本の造船業界だが、現在大手造船会社の商船建造分野は分社化され、統合され、昔の面影はなくなっている。それに対して中手造船会社の中には、日本の建造量の上位を占める会社も出てきてかつての日本の勢力分野も随分変化してきている。ただ中国、韓国の台頭により（現在日本は建造量世界3位）、日本の基幹産業の象徴"造船ニッポン"は死語になった。本稿は、高知県にあった3つの造船会社：今井造船、高知県造船、新山本造船がどのように生まれ、成長発展し終焉を迎えたかを追ったものである。

　その前に、日本造船界全般の昭和40年代後半から50年代前半の出来事を先ずは、「造船不況の記録」（財団法人日本造船振興財団）の内容から要約し箇条書きしてみよう。

　・新造船受注は、昭和48年度、造船史上最高の3,400万総トン、契約船価3兆5千億円を記録。船種別にみるとタンカーは実に82％でVLCC（20万以上32万重量トンまでのタンカー）117隻、ULCC（32万重量トンを超えるタンカー）33隻合計150隻を占める。

　・ピーク時の昭和49年末には、下請け、関連工業合わせ従事者は36万人を超える

　・48年秋の第一次石油危機は、タンカーの需要を一変させ、その後の受注量を激減させる。49年度前年度比28％減となる。昭和50年度から53年度までの4年間それぞれ対前年度比91、89、59、69％減と一本調子で減少していく。昭和53年度は最盛期の10分の1以下の約300万総トンとなった。

　・キャンセルは50〜52年度の3年間にピークに達した。特に50,51年度のキャンセルは受注量の80〜90％に匹敵する700万総トンを記録し差し引き受注量は実質殆ど残らないという惨状を呈した。

次にもう少し長いスパンで細かく、年毎にみていくために「日造協
10年のあゆみ」（社団法人日本造船協力事業者連合会発行）から抜粋し、
表にして振り返ってみる。この当時の造船界の動きや状況が垣間見ら
れる。なお、一部表現を省略したり変えたりしている。

年	月日	造船界の出来事
1971 年 （昭和 46 年）	5・3	船舶局　45 年度造船状況まとめる。受注量、契約金ともに史上最高
	9・8	石播最大油槽船「日石丸」（東京タンカー 372,400 重量トン）引渡し
1972 年 （昭和 47 年）	10・22	三菱重工業長崎造船所香焼工場完成
	11・14	船舶局　月初め以来 34 隻の輸出建造船許可申請を受ける（新造船契約急増、不況から輸出船ブームへ転調）
1973 年 （昭和 48 年）	2・20	石播で世界最大油槽船「GLOBTIK TOKYO」（英 483,664 重量トン）竣工
	4・13	船舶局　47 年度建造許可実績まとめる　524 隻 2,147 万総トンで新記録
	10	OPEC が原油供給削減を行い石油危機
1974 年 （昭和 49 年）	1・24	造工 48 年の造船受注高をとりまとめる　3 兆 2,371 億円で史上最高
	4・19	運輸省　48 年度史上最高の受注実績を記録
	7・24	船舶局　巨大タンカー（100 万トン型）研究会、初会合
	11・12	深刻な不況に突入。船舶輸出組合、49 年度に入って以降の輸出船契約実績累計を発表。前年同期比はトン数で 1/8金額で 1/4
1975 年 （昭和 50 年）	4・3	船舶局　タンカー船腹過剰傾向により新造船受注激減　49年 935 万トンで前年対比 72％減　金額で 61％減
	6・26	石播呉第一世界最大「日精丸」（東京タンカー・チス海運484,377 重量トン）引渡し
	10・6	主要国の油槽船船主、造船会社、国際石油資本、金融機関による初のタンカー不況対策国際会議ロンドンで開催（国際独立タンカー船主協会主催）
1976 年 （昭和 51 年）	4・13	船舶局　昭和 49、50 年のキャンセル船は 48 隻、約 711万重量トン、同じく船種変更は 43 隻、約 896 万重量トンと発表

9・30	運輸省　造船業 40 社に対し昭和 52、53 年度に実施する操業度規制の内容を説明		
	11・25	運輸省　造船業 40 社に対し業務に関する大臣勧告を実施。昭和 52、53 年度の操業時間の上限を指示	
1977 年 （昭和 52 年）	12・26	「特定不況産業種離職者対策臨時措置法」公布 （造船業は同法適用業職に指定される）	
1978 年 （昭和 53 年）		昭和 52 年度新造船建造許可実績ピーク時の 15％に落ち込む（ピーク時昭和 48 年度は 3,378 万総トン　昭和 53 年度は 495 万総トン）	
	5・10	特定不況産業安定臨時措置法成立	
	7・14	海造審は 5,000 総トン以上の建造能力を持つ 61 社を対象に、今後 1 年間で平均 35％の設備削減をするもの、と答申	
1980 年 （昭和 55 年）	12・28	運輸省　造船主要 40 社に対し、昭和 54、55 年度の新操業度勧告を行う。ピーク時の平均 39％の操業とする	
		特定船舶製造業安定事業協会は買い上げ設備のうち函館ドックと楢崎造船のものについては第 1 回の入札を開始（10 月）、第 3 回の高知県造船（12 月）までで落札額の 90％までが造船事業者で占める	

船舶局：運輸省船舶局　　　石播：石川島播磨重工　　　海造審：海運造船合理化審議会

　また造船施設を見てみると 1962 年（昭和 37 年）ごろから、船舶の大型化にともない船台の延長や超大型船建造専用のドックが建設される。それらが出そろった頃の 10 万総トン以上の船舶建造可能の設備を『船の世界史　下巻』（上野喜一郎著）より掲載する。

造船会社	造船所	建造ドック 船台の呼称能力 （万総トン）	完成年
石川島播磨重工業	横浜工場	12.05	昭和 39
	呉工場	18	−
	〃	25.1	48
	知多工場	25	〃
三菱重工	長崎造船所	16.5	40
	〃　香焼工場	25	47
日立造船	堺工場	14.5	40

	有明工場	25	49
三井造船	千葉造船所	21.3	43
川崎重工業	坂出工場	15	42
	〃	30	48
日本鋼管	津造船所	〃	44
	鶴見造船所	10.3（注）	47
住友重機械工業	追浜造船所	21	46
佐世保重工業	佐世保造船所	23	—
函館ドック	函館造船所	16.1	48

運輸省船舶局の資料による　（注）は船台を示し他は建造ドックを示している

　日本の造船業は、昭和 31 年（1956 年）以来、受注量、進水量ともに世界のトップで、昭和 49 年（1974 年）には新造船のトン数においては世界のシェアの 51％を占めている。昭和 40 年代（1965 年）に入っては巨大ドック建造に沸いていて、とりわけ後半になると大きなドックが集中している。

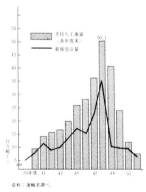

図 4.1　造船受注量の推移

資料：運輸省調べ。

　　その当時の受注量の推移グラフを『造船不況の現状』（中山裕登著　教育社発行）から引用してみると、造船業界がピーク時から急激に落ちていく様子がよくわかる。また、上記の 10 万総トン以上建造ドックの設備投資の勢いを比較すると、結果論とは言え最悪のタイミングでの投資であることが分かる。構造不況と言われた所以であろう。

　こういう時代にあって、中小造船所の中には生き残れず消えていった会社が多数あった。（新山本造船 187,188 頁参照）

　それでは、高知の造船会社の草分け的一社でありながら消えていった今井造船の創業、成り立ちから見ていくことにする。

1　今井造船小史

　今井造船は、高知造船業の先駆者の一人である今井繁馬氏によって
創業された。氏は船大工の修行から始め、高知市種崎で起業操業し、
仁井田地区に移り大型船建造を手掛けられた方である。他の造船所が
県外造船所に合併、提携、系列化する中で、いわゆる地場産業で、独
自の経営をされていた。しかし県内大手の中では一番先に倒産をして
しまう。その歴史をたどってみる。

戦前に創業

1929 年（昭和 4 年）4 月　今井繁馬氏により今井造船所創業　所在地は
　　　高知市種崎 158 番地
1942 年（昭和 17 年）7 月　有限会社今井造船所を設立する（以下今井と
　　　略す）
1943 年（昭和 18 年）2 月　戦時貨物船、建造成績優秀故を以て、御下賜
　　　帆柱を賜る
　2 月 12 日に戦時標準木造船（高知県造船 158 〜 161 頁参照）の建造
奨励のために天皇より「帆柱材」を全国 10 か所の造船所に下賜された。
250 トン型の標準船建造で、進水式を最初に行った造船所に贈られる
ものだった。全国の造船所は競い、結果その 1 社に選ばれる栄誉に浴
したのである。帆柱材が下賜された今井をはじめ次の 9 社への伝達式
は 3 月 25 日に逓信省で行われた。
　1944 年（昭和 19 年）5 月、隣接工場の日南造船株式会社を吸収合
併して、今井造船株式会社を設立。

下賜された会社名	所在地
・(株) 山西造船鉄工所	(石巻市)
・大浦船渠合資	愛媛県波方
・(株) 下松造船所	山口県下松市
・福岡造船鉄工 (株)	福岡市
・徳島工業 (株)	徳島市
・(有) 倉橋造船所	広島県倉橋島
・新晃造船 (株)	茨城県那珂湊
・日の丸造船 (株)	大阪市大正区
・(株) 臼杵鉄工所	大分県臼杵

下賜された帆柱材 『船舶百年史 後篇』より

「日本木造船組合連合会能力調」(昭和 18 年 8 月 31 日現在)によると、日南造船は資本金 180,000 円、976 坪、5 船台、労働者総数 129 人、建造し得る最大総トン数 250 トン、年間 750 トン建造能力を持ち、今井は資本金 76,800 円、1,050 坪、3 船台、労働者総数 58 人、建造し得る最大総トン数 250 トン、年間 750 トン建造能力を持つ。日南造船は、規模としては今井と同等またはそれ以上の会社であった。

戦後の発展

1948 年(昭和 23 年)6 月　250 トン貨物船建造。新たに海運部を設ける。
　　　　海運業を兼営
1950 年(昭和 25 年)3 月　貨物船 350 トンを建造し、海運部に配属する
1955 年(昭和 30 年)9 月　貨物船 600 トンを建造し、海運部に配属する
　　　　この年、仁井田沖に座礁した「旭洋丸」を改造したのが、今井が鋼船を手掛けた最初である。時代は木船から鋼船へと移っていく。
1958 年(昭和 33 年)7 月 26 日午後 1 時 30 分、「玉島丸」(400 重量トン)が進水する
　　　　本船は県内海運会社の発注の新造船としては最大の鋼鉄船であ

る。発注者は高知市の三和汽船。

1959 年（昭和 34 年）11 月、貨物船 400 トンを建造し、海運部に配属する

1960 年（昭和 35 年）6 月 26 日午後 5 時、セメントタンカー「日扇丸」（410 重量トン　全長 39.8 m　幅 8 m　深さ 3.5 m　9 ノット　建造費 3,500 万円）が進水する

　同じ年の 10 月、種崎沖で台風の余波により沈没し 8 名の犠牲者を出した「青山丸」（447 トン）を愛媛県の至幸海運が購入。同船を改装し、翌 1961 年（昭和 36 年）3 月 20 日午後 6 時過ぎ、「第三至幸丸」として進水させる。月末には第二の処女航海に出たという。終戦後から 1960 年ごろまではこういう改造は結構やっていたように思うが、今では考えられない事例である。

　同年 10 月 14 日朝、岡田海運の「広島丸」（1,200 総トン）が進水する。本船は、旧山本造船（新山本造船の前身）が造った油槽船（1,100 トン）を上回り、県内で建造した最大船となる。船価は 1 億 1,000 万円である。

広島丸

　また同年 11 月 9 日には、浦戸湾を横切る高知県発注のフェリーボート 2 隻（長浜〜種崎間　575 m を結ぶ県営渡船）を高知県造船と今井が同時に進水させるという前代未聞のこともやっている。高知県造船は「第三桂浜丸」、今井は「第五桂浜丸」を建造し、この航路は本船から本格的なカーフェリー型の鋼船になったという。県関係者はこの進水式に手分けをして出席したのだろう。

　同年 11 月末までに資本金 248 万円を約 3 倍の 1,000 万円に増資する

移転前の建造能力は、1,500 総トン（2,300 重量トン）と 1,000 総トン（1,600 重量トン）の船台が 2 本である。

この頃の造船所の風景

第三桂浜丸

種崎から仁井田に移転

1964 年（昭和 39 年）10 月高知港改修のため、種崎から高知市仁井田新築 4313 番地に造船所を移転する。この時、3,000 総トンの船台が 2 本と規模が大きくなっている。

1965 年（昭和 40 年）7 月 30 日貨物船「昌島丸」（330 トン）が進水する。本船は、高知県海運組合連合会が機帆船の鋼船化 3 か年計画を立てた、その近代化第一船である。

移転後の造船所の全景

翌 1966 年（昭和 41 年）11 月 11 日、貨物船「協洋丸」（2,600 トン）が進水する。

県下で造った船の中で大きさが 2 番目の船である。最大船は同年 9

月 18 日に新山本造船で進水した日正運輸の貨物船「日島丸」(2,990 トン) であった。

1967 年 (昭和 42 年) 4 月 20 日、沖縄粟国村客船「陽久丸」(136.65 総トン) が進水する

　本船は、粟国村所有の最初の鋼船となった。進水式に出席した村長は、「高知県の造船の評判を聞いて注文した」と述べた。沖縄の会社や自治体が、高知の造船所に発注することは建造一覧 (後出) を見ても多いように思う。

　また同年 8 月には近海航路、実生商船貨物船「朝鷹丸」(2997.33 総トン　5056 重量トン) が竣工している。

「陽久丸」　粟国村 HP より

朝鷹丸

　良いことばかりではなかった。海運業もやっていた今井所有貨物船の機関室が燃える事故が起こる。1967 年 (昭和 42 年) 12 月 11 日、福岡県大島灯台沖合 14 ｋｍで「第二十旭洋丸」(77 トン) の機関室から出火、一部を焼いて間もなく鎮火する。翌年 1968 年 (昭和 42 年) 5 月 18 日午後 8 時 40 分ごろ、造船所の下請けの事務所から出火、事務所など 3 棟を焼く火事が起こる。

　1973 年 (昭和 48 年) 7 月 5 日、「雄大丸」が進水する。タンカーとしては県下で初めて 15,000 トンの大型船であった。

　1976 年 (昭和 51 年) 2 月 7 日、わが国で初めて北朝鮮の船を建造し、進水式が行われる。式は、国の関係者が多数出席し行われたという。

　船名は貨物船「愛国号」(5,200 総トン、8,500 重量トン) で、東海船舶 (東京) が受注し、岡田海運 (大阪) を通じて今井が建造したもの。

3月15日に竣工し、東海船舶に引き渡され、同月30日午後1時たくさんの見送りをうけて高知港を出て行った。

　同年5月29日付高知新聞に、「埋め立て論議　再燃か　船台拡張で」と見出しが出る

　1号船台は長さ135 m、幅24 mで、1,700重量トンまで建造でき、2号船台は120 m、20 mであった。同月25日、1号船台を185 m、34 mに延長、拡幅するよう公有水面埋め立て法に基づく許可を申請したのである。見出しの"再燃か"というのは、新山本造船でも同様のことが起こっているからである。(詳しくは新山本造船の185 〜 187頁)

　今井は昨年24,000重量トンの貨物船2隻を受注し、同年8月から着工の予定。船台拡張の申請は、待ったなしの切実な状況であった。拡張に伴う埋め立てが地元の反対などで県、市、議会と大きな議論になって収集がつかなくなり、連日新聞記事を賑わすことになる。同年9月1日、陸上に10 m延長し海側への延長を50 mから35 mに縮小する変更をし、改めて認可申請を行う。同年10月2日、3日の市議会で"19時間空転"の末、原案が可決する。新聞の言葉を借りれば、"すったもんだ"の決着であった。

1976年建造された「ROYAL SAPPHIA」「ブルー コウチ」両船とも「船の科学」より(157頁に要目あり)

　翌年の1977年（昭和52年）4月30日船台拡張後で初めての2万トン級貨物船「リンバ・チェンガル」号（24,000重量トン）が進水するマレーシア・インターナショナル・シッピングコーポレーションが発

注者である。今までNK（日本海事協会）の船舶検査がほとんどだったが、この船の検査は非常に厳しいことで知られるIMC(香港の検査機構)であり、大手造船所の指導を仰ぎながらのものであった。進水した後、すぐに同型船の起工式も行った。

　この「リンバ・チェンガル」号が今井の命取りになるとは誰も想像しなかっただろう。

事実上の倒産

　1977年（昭和52年）9月29日、会社更生法の適用を申請して、事実上の倒産をする。負債額120億円は県内史上最高の額であった。

　直接の原因の一つは、昭和48年9月から51年3月までの間に7隻を今井に発注していた得意先である岡田海運が和議申請し、7月末に事実上倒産。そのうわさが前年7月ごろから流れたため、関係の深い今井はこの年1月から受注ゼロであった。

　もう一つは、先の「リンバ・チェンガル」号が納期の遅れを理由にキャンセルされたことである。この発注者は、札付きで知られる船主とその船主が依頼した検査機構であった。一度でも仕事をしたことのある造船業者は「もうこりごり。二度と契約はしたくない」と嘆くほどだったという。

　今井は、唯一純粋な地場企業であり高知の造船業のリーダー的存在だった会社だから、倒産のショックは大きかった。従業員299名、その家族、関連会社、地域の経済に影響する人は数千名を数える。更生法申請したものの管財人が決まらない。関係者の間でやっと推薦人が決まったのが、翌1978年（昭和53年）4月14日である。同年5月25日更生手続きを開始、倒産から8か月たって再建の一歩を踏み出すことになった。前年3月以降全国で倒産した造船会社は21社。四国で

は8社が倒産、うち更生手続き開始または和議開始が決定したのは3社、今井は4社目であった。この時代の造船業の状況がいかに凄まじかったかを表す数字である。（新山本造船187,188頁の表参照）

　同年11月28日、県造船界関係者をはじめとして県民が一隻の船の受注に注目していた。造船業の仕事量を確保させるために、県の海洋開発調査船をあえて県内造船所に発注するための入札日であった。この船は、大きさ230トン、16人乗りの漁船型調査船である。この船をどこの造船所が落札するのか、大きなニュースとなり県民の関心が集まった。今までなら、どの会社も建造費3億円程度の船はどうしても落札したいものではなかった。とりわけ漁船は、金指造船や三保造船（両社とも静岡県）が全国のシェアの大部分を占めていたので、これまでは入札しない会社もあった。しかし各社、是が非でもほしい状況になっていた。純粋に地場の会社は今井だけ、しかしこの5か年に漁船の建造実績がない。実績があるのは高知県造船と高知重工である。結果、今井が3億800万円で落札。この価格では赤字だろうと言われたが、それでも更生手続きの始まったばかりの今井にとってほしい受注であった。

　翌1979年（昭和54年）6月1日午後、「こうち」と名付けられ進水する。総トン数238トン（243.82総トン）、長さ37m（全長42.26m）、幅7.4mで、定員20名である。本船は就航した2年後の1981年（昭和56年）5月27日、火災のため運航不能となり廃船になる。何とも

こうち

不運な船であった。

　このころ業界では、造船安定基本計画法に基づく設備削減問題が最大の問題になっていた。今井には 15,000 総トンと 6,620 総トンの船台があって、小さいほうの船台を休止し修繕に回すことで 27％カットはクリアーできる（189 頁表参照）という目論見があり、心配はしていなかった。ところが、状況は一変することになる。

今治造船の系列会社に

　1979 年（昭和 54 年）7 月 25 日付高知新聞に、「今井造船、今治造船の系列に」と見出しが出る。記事によると 10 月から昭和 56 年 3 月末の 1 年 6 か月間、今治造船の下請けになるというものであった。今治で受注した貨物船 5 隻を今井に発注し、資材はすべて今治が支給する。これにともなって削減問題も流動的になる。

　翌 1980 年（昭和 55 年）3 月には今井の資本 80％を今治が取得し、役員も導入する。削減内容は以下である。

　①今井の 15,000 総トンの分は今治造船本社に移す

　② 6,620 総トンは今治地区の 2 社との調整で 4,900 総トンに縮小とする。

　唯一純粋な地場企業だった今井は、名実ともに今治造船高知造船所となる。規模も 2 つあった船台が 1 つになり、それも大幅に縮小となった。管財人の言葉が悲しい。「やはり一匹オオカミでは厳しい造船業界は生き抜くことはできなかった」。

　同年 6 月 26 日、更生法適用申請から 2 年 1 か月ぶりに更生計画案許可が裁判所から出る。これにより、今治造船が新資本金 2 億円の 90％を出資して新経営体制が発足した。管財人は「造船の灯は守れた」と

安堵した。

　同年12月8日付で船台の増設が認可されたという四国海運局高知支局からの通知を25日になって受ける。今治造船グループの岡山造船（岡山県和気郡）の3,999総トンの船台を移設するのである。これから今井が大きい船が造れることになるという明るいニュースである。ここからは資料がないので分からないが、建造番号から推測してかなりのペースで船を造っていったと想像する。

　しかしながら1986年（昭和61年）9月末をもって同じ今治造船系列の新山本造船と同様、事実上の休業状態となる。1991年（平成3年）9月ごろから5年ぶりに今治造船所有の船の修理の仕事をすることになる。今後は下請けの受注をしていくと報じられたが、特筆すべき実績もなかったと思われる。

　その後、新聞に掲載されるような情報もないまま、2018年（平成30年）10月末で今井造船は休業となる。事実上廃止の可能性が高いという。高知の造船所4社（今井、新山、県造、高知重工）の一角を占め、協力会社を含めると800人を超える従業員が働いていた今井造船の看板は下ろされた。

　今井の親会社だった今治造船は、2018年建造量ランキングで日本で1位、世界でも4位となっている。

建造実績一覧

　1929年〜1955年に建造した船の内訳は、貨物船、漁船　145隻19,915総トンである。また、1957年〜1967年ごろまでの代表的な船とそれ以降の知りえた建造船は以下であるが、残念ながら建造船一覧表を所有していない。この表は、会社のパンフレットと雑誌「船の科学」から作成した。

1967 年以前建造された船の一部

貨物船

船名	総トン数	重量トン	発注者	備考
中京丸	685	1,005	中京海運	1957.8 進水
北光丸	553	67	山口船舶協組	
玉島丸	305	400	三和汽船	
光昭丸	330	450	関光海運	
やさか丸	330	500	広洋船舶	
第十一旭洋丸	231	340	個人	
やはた丸	265	37	八幡船舶輸送組合	
第二やはた丸	280	400	〃	
第十八旭洋丸	289	410	今井造船	
高塔丸	380	560	広洋船舶	
第七大栄丸	371	520	大栄海運	
早鞆丸	283	400	早鞆製鋼	
第五長門丸	371・422	520・600	長門海運	1960.12 進水
幸春丸	664	1,000	桑田汽船	1961.3 進水
第一三友丸	354	480	三友海運	
海隆丸	392	520	日隆海商	
第二福山丸	200	27	福山海運	
第一明力丸		350	個人	
第十一吉昭丸		350	大八建設	
第十三八日丸		37	個人	
第二森土建丸		120	森土建	
第十八住吉丸		420	山戸組	
越丸		1300	菅商事	
第三泰正		420	九州石材	
第十一明力丸		420	個人	
第十八旭洋丸		350	今井造船	
第五玉吉丸		420	個人	
第一日南丸		200	日南開発	

島幸丸	486	70	沖縄汽船	1964.1 進水	
第十二明力丸		400	個人		
第十八吉昭丸		400	大八建設		
第八さつま		210	対馬通運		
第三平戸丸		400	松浦企業		
大富丸		400	藤原石材		
昌島丸		450	三和汽船		
L－101	264	400	フィリピン	1965.4 進水	
朝鷹丸		5,000	実生商船	1967.8 竣工	

油槽船

船名	総トン数	重量トン	発注者	
昭福丸	191	300	個人	
喜代丸	236	320	武田運輸商会	
青希丸	353	600	河野興業	
ほし丸	200	350	丸善海運	ケミカル
共進丸	124	160	個人	
開洋丸	351	600	間野興業	1961.6 進水
広島丸	998	1600	岡田海運	1961.10. 進水
第一安芸丸		35	安芸海運	
第十五英祐丸		1,350	四国運輸	1965.2 進水
満海丸		1,200	志満屋海運	
第三いづみ丸	540		液化瓦斯・山下運輸	LPG
MAHTAB JAVED 11		1,000	パキスタンタンカーズ	1967.10 竣工

漁船

船名	総トン数	重量トン	発注者	備考
一号合栄丸	160		個人	遠洋 1957.3 進水
第七正丸	100		個人	〃
第一勢旺丸	100		個人	〃
第七十一富久丸	160		海宝水産	さば
UNIFISH－14	130		フィリピン賠償船	1962.3 進水

UNIFISH－16	〃	〃	〃
第七勝丸	160	個人	遠洋
第十二新南丸	〃	〃	〃
第五寿々丸	〃	〃	〃
多可丸	〃	〃	〃
ひめ丸	100	〃	〃
興国丸	35	〃	底曳き
須美丸	100	〃	遠洋
第二安丸	〃	〃	〃
第二万漁丸	111	〃	
第八竹丸	〃	〃	
第八ひろ丸	〃	〃	1963.8 進水
高麗―79 号	140	高麗水産	
高麗―80 号	〃	〃	
JOLOLEMA	180	フィリピン賠償船	
第十一日栄丸	111	個人	

専用船

船名	総トン数	重量トン	発注者	備考
日扇丸	358	410	日本セメント	セメントタンカー
第二日扇丸	422	520	〃	〃 1961.9 進水
第三日扇丸	425	〃	〃	〃 1962.3 進水
真幸丸		560	沖縄汽船	糖蜜船

旅客船・フェリーボート

船名	総トン数	重量トン	発注者	備考
おばこ丸	65		船舶整備公団	男鹿海上観光
かしま丸	40		〃	水郷観光
第七国幸丸	230		砂辺海運	
第五桂浜丸	59		高知県	

その他

船名	総トン数	重量トン	発注者	備考
MT JUPITER	70		フィリピン賠償船	曳船
MT NEPTUNE	〃		〃	〃 1965.4 進水
第拾明力丸	200	350	個人	砂利採取運搬船
第拾壱吉昭丸	〃	〃	大八建設	〃

1969 年以降建造された船の一部

番船	船名	総トン数	重量トン	発注者	竣工　船種　備考
260	協豪丸		5,018	神潮海運	1969.1
261	協愛丸		5,206	山下運輸	1969.6
271	第二国隆丸	1,17		国華産業	1969.5 ケミカル
273	第十博晴丸	1,17		田淵海運	1969.9 LPG
275	山進丸		5,577	梶山汽船	1969.11 木材
330	日岳丸		1,703	大日海運	1974.5
348	SOUTHERN STRAINER		6,583	Cathy Gold N	1975.9
352	ブルーコウチ		7,507	関兵精麦	1976.8 自動車・長尺
353	ROYAL SAPPHIRE		16,467	Royal N S.A.	1976.6 撒積み
534	天礼山丸	2,465	3,298	商船三井近海	1984.8 コンテナ

［参考文献］
　船の世界史下巻　上野喜一郎著　舵社　1980 年 12 月
　昭和造船史第一巻　原書房　1977 年 10 月
　船舶百年史　後篇　上野喜一郎著　成山堂　平成 17 年 1 月
　造船不況の記録　—第一次石油危機に対応して—　財団法人日本造船振興財団　昭和 58 年 7 月
　日造協 10 年のあゆみ　社団法人日本造船協力事業者連合会　昭和 56 年3月
　時事問題解説 NO.84「造船の現状」円高・構造不況下の企業活動①　山中裕登著　教育社　1978 年
　日本船舶明細書　各号　財団法人日本海運集会所
　雑誌「船の科学」各号　船舶技術協会

2 高知県造船小史

戦時中に創立

　高知県造船（以下、県造船と略す）の創立は、その時代の背景や社会情勢に関わっている。県造船が創立されたのは、「戦時標準木造船」（以下、この表現を使用）を造るという明確な目的があった。

　まず「戦時標準木造船」の説明をしよう。本稿でたくさんの資料と考察、アドバイスを頂いた長崎の西口公章氏は、独自に「戦時型機帆船」と称している。「戦時標準木造船」は船種の中で帆船と称しているが（160頁表参照）、実際は焼玉エンジンを備えていたのでいわゆる機帆船であるから、西口氏はそう呼んでいる。その内容を西口氏の論文「長崎県の戦時型機帆船建造史（２）」から要約引用してみる。

　　機帆船とは、「機」関を補助とし、主として「帆」で走る、２つの推進力を持った合いの子の「船」のことである。初めは既製の小型木造船の後部を改造し、まさに補助として焼玉機関が付けられていたが、昭和に入ると新造時からこのエンジンを船体の中に組み込み、航海や荷役に適した船体が設計され、日本独自の形の「機帆船」が誕生した。

　　戦時型というのは、戦時標準船型を略したものである。戦時標準船型は、戦争に必要な人や物資を運ぶために戦争の真っ最中に、短期間で急速に、そして大量に造られるように計画され、そのため種類を減らし、設計を統一して造られた。

そのうえで西口氏は、正式名称としては昭和 18 年逓信省「木船建造
状況視察報告書」の中で「戦時標準型貨物船」を使っているので、『日
本木造船史話』（長谷川書房　1952 年発行）の著者橋本徳寿氏が書か
れているように「戦時標準型木造貨物船」が適当だろう、と説明され
ている。
　木造船に対して当然、鋼船の戦時標準船も造られている。鋼船の方
がもちろん造船所の規模が大きく、造られた船の大きさも 800 総トン
から 1 万トンと大きく、建造量も多い。名著『戦時造船史―太平洋戦
争と計画造船』（小野塚一郎著　日本海事振興会　1962 年発行）を読
むと、その詳細が分かる。

　西口公章氏の前述の論文より、開戦の年から戦時標準木造船の関係
ある事項をピックアップしてみる。
1938 年（昭和 13 年）12 月　「木造船工業組合連合会」を設立（鋼材確保）
1940 年（昭和 15 年）　　　市川造船で戦時型機帆船の試作開始
1941 年（昭和 16 年）12 月　政府、逓信省の外局として「海務院」を
　　　　　　　　　　　　　　創設
1942 年（昭和 17 年）3 月　海務院「小造船業整理要綱」を地方官庁
　　　　　　　　　　　　　　に通牒（戦時型木造標準船の計画的増産の促進のため、地方
　　　　　　　　　　　　　　の中小造船所をブロックごとに合同、日本全国に約 3,600 あっ
　　　　　　　　　　　　　　た木造船工場を 565 に集約）
　　　　　　　　　　　　　　5 月　政府が「計画造船確保に関する件」を閣議決定（戦時
　　　　　　　　　　　　　　型機帆船等戦時標準船の大量建造を計画的に遂行）
　　　　　　　　　　　　　　6 月　海務院戦時型機帆船（第一次型）70 総トン、100 総トン、
　　　　　　　　　　　　　　150 総トン型の設計完了
　　　　　　　　　　　　　　7 月　海務院戦時型機帆船（第一次型）200 総トン、250 総ト
　　　　　　　　　　　　　　ン型の設計完了

第一次戦時標準船（木船）の要目は、『船の世界史　中巻』（上野喜一郎著　舵社発行）によると次のようである。

船型	250トン型	200トン型	150トン型	100トン型	70トン型
船種	汽船・帆船	汽船・帆船	帆船	帆船	帆船
資格	2級	3級・2級	2級	3級	3級
総トン数	250	200	150	100	70
航行区域	近海	沿海・近海	近海	沿海	沿海
主機種類	焼玉	焼玉	焼玉	焼玉	焼玉
主機出力（馬力）	200	140	115	75	65

第一次戦時標準船「第二日章丸」後に「第五十辰巳丸」　『船の歴史』辰巳商会社史より

　1943年（昭和18年）1月20日、「木船建造緊急方策要綱」が出される。これが第一次戦時標準船をより簡易化した第二次戦時標準船建造の指針になる。カタカナや旧漢字、表現を直し、「要綱」を一部抜粋すると次のようである。

1　建造目標
　昭和18年度における木造船建造目標（外地、満州、支那および南方諸地域を除く）は昭和17年度に比し画期的増大を期す

2　船型
　木造貨物船の船型は極力これを整理するとともに大型木造船の建造を可能ならしむる如く措置する

戦時標準型船をさらに簡易化するため船形は能う限り直線を用いるとともに
削加工はこれを最小限度に止めかつ長尺材の使用を減少せしむる等の措置を
講ず

3　造船及び造機施設の整備拡充

　既設の造船及び造機施設を統合整理するとともに資材、労務などの立地
条件を考慮し所要数の造船及び造機工場を新設し昭和18年度において船体
360,000総トン、主機関340,000馬力の生産量を確保する

4　造船及び造機工場の管理

　主要既施工場にして軍の管理に属せざるもの及び新設工場は逓信省におい
てこれを管理する

　第二次戦時標準船（木船）の要目は、『船の世界史　中巻』（上野喜
一郎著　舵社発行）によると次のようである。

船型	250トン型	150トン型	100トン型
船種	汽船	帆船	帆船
資格	2級	2級	3級
総トン数	250	150	100
航行区域	近海	近海	沿海
主機種類	焼玉	焼玉	焼玉

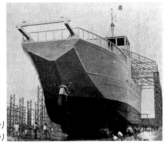

(上)二次船型 250トン 昭和18年「船の世界史 中巻」より
(右)「船舶百年史 後篇」より

　5種から3種に船型を減らして、設計も湾曲部を角形にして、舷弧
もなく直線形で木材の使用効率を大にして、少ない材料でより多くの
船を造れるようにしたものである。これは、鋼船における戦時標準船
と全く同じ発想と経緯であった。

　同年2月12日には、天皇陛下が戦時標準木造船建造奨励のため全国
10か所に「帆柱材」を下賜される。（その10か所のひとつに今井造船
が選ばれる。145頁参照）

　同年2月20日、海務院長官より年間50,000トン能力の造船所設立

の示達をうけ、高浜造船所（長浜工場前身）、東亜造船株式会社（須崎工場前身）、葛島製材合資会社（葛島工場前身）を買収し、創立に着手する。その時点では、高知県木造船株式会社と称していたのではないかと推測している。戦時標準木造貨物船を造るのが時節柄急務であったときに、木材資源が豊富な高知に白羽の矢が立ったのである。当時、海軍大将永野修身軍令部長と海軍中将松木益吉海務院長官などの後押しがあったと思われる。両名とも高知県出身である。

　同年4月13日（設立日）、資本金200万円、産業設備営団資金800万円、計1,000万円で工場建設と並行して、貨物船、油槽船の計画造船（250トン戦時標準木造船）を開始する。高知県造船の誕生である。初代社長は海軍中将中村亀三郎で、彼もまた高知出身である。主に、戦時標準木造船の中の250トンの建造をする。建造一覧表（170頁）を見ると、建造番号35〜39の第501東亜丸から第505東亜丸の5隻になっているが、別の資料「戦前船舶資料集」には第501から第508東亜丸の8隻となっている。建造一覧表を見ると、第二次戦時標準船だけでなく第一次の150トン型も造っている。

　「日本木造船組合連合会能力調」（昭和18年8月31日現在）によると、県造船は高知県の中ではけた違いに大きい会社であることが分かる。ここに本稿で取り上げた3社の比較を表にしてみる。なお、日南造船はのちに今井造船に吸収合併される会社で、当時県下で資本金5位、労務者数2位、年間能力6位の造船所である。

建造所名	資本金 円	敷地総坪数 坪	船台数	建造し得る最大 総屯数	労務者総数 名	年間能力 屯
日南造船（株）	180,000	976	5	250	129	750
（有）今井造船所	76,800	1,050	3	250	58	750
高知縣造船（株）	2,000,000	57,000	20	250	228	30,000

　1944年（昭和19年）7月6日、運輸通信省（前年11月逓信省と鉄道省を統合）管理工場指定となる。当時、木造船所としては全国で10

大造船所の一つとしてランクされていたという。

　太平戦争中の木造船竣工実績を『船の世界史　中巻』より表にしてみる。このほとんどが戦時標準木造船であったと思われる。

年度	隻数	総トン数
昭和 16 年（1941）	736 隻	69,179 トン
17　（1942）	345	29,096
18　（1943）	814	91,570
19　（1944）	1825	264,058
20　（1945）	526	73,188

戦後の発展

　終戦とともに、県造船は木造の遠洋漁業船、貨物船の造船、修繕、鉄工業、製材業を行う。二代目社長が後の郵政大臣寺尾豊氏、三代目は後に経済企画庁長官兼科学技術庁長官となる宇田耕一氏である。歴代の社長を高知の有力者が務める名門会社であった。

　1952 年（昭和 27 年）5 月 21 日、運輸大臣へ中小鋼造船造修のための事業開始届を出し、鋼船の造修に専念する。

　1957 年（昭和 32 年）2 月 3 日、設備増資のために資本金 800 万円に増資する。宇田氏の関係から淀川製鋼所が資本参加をする。

　1961 年（昭和 36 年）6 月 28 日、県下で建造した漁船で最大である「第八司丸」（240 総トン）が進水する。建造費 9,000 万円と報じられている。

　1964 年（昭和 39 年）2 月 5 日、増資を行い資本金 2,400 万円に。

　1965 年（昭和 40 年）5 月 20 日、マグロ漁船「第八銀嶺丸」「第十八銀嶺丸」（いずれも 130 トン）が進水する。この 2 隻は、琉球開発金

県造船の全景
「MODERN SHIPS IN JAPAN」1968 より

融公社の融資の適用を受けて日本で初めて建造された船であった。同年8月に淀川製鋼所の社長が県造船の社長になり、完全に淀川製鋼所の系列会社になる。同年9月1日増資を行い、資本金4,800万円とする。

　この当時の建造能力は、新造船8,000総トン　修繕能力30,000総トンとなっている。また、9つの船台は次の表のようになっていた。

No	建造能力総トン	長さm	幅m
1	500	50	7
2	500	50	6
3	500	50	7
4	500	50	6
5	1,500	65	12

No	建造能力総トン	長さm	幅m
6	500	50	6
7	500	50	7
8	1,500	60	10
9	500	50	7

昭和海運「いよじ」

　1966年（昭和41年）、昭和海運、今治〜三原航路のフェリー「いよじ」（399総トン）と同型船「せとじ」を建造する。県造船がフェリーを造るのは珍しく、建造した中で中型のフェリーはこの2隻しか確認できなかった。

　1968年（昭和43年）ごろ、遠洋漁船中心から本格的に貨物船建造にシフトするため、波止浜造船に技術援助を要請する。

　1970年（昭和45年）、葛島工場を須崎工場に統合する。同年8月に上陸した台風10号によって壊滅的な打撃を受け、淀川製鋼所は経営意欲を喪失し波止浜造船系列に移っていく。

波止浜造船の系列に、そして親会社倒産

　1971 年（昭和 46 年）1 月 23 日、臨時株主総会が開かれ、主力株主淀川製鋼所から波止浜造船へ経営権が移り、波止浜造船の系列に入る。波止浜造船は事業を拡大したい思惑があり、異業種なのでメリットが少なかった淀川製鋼所の両社の利害が一致した。社長は波止浜造船の副社長が務めることになった。今まで漁船中心だった建造実績を、これからは貨物船など新しい分野に移行していくことになる。

　1972 年（昭和 47 年）12 月 8 日、県下初のコンテナ船「泰光丸」（4,390.65 総トン）が進水する。発注者は船舶整備公団と小山海運（1975 年 8 月倒産）である。船価は 6 億 8,000 万円と報じられている。章末にある建造一覧表からもこの時期から建造する船種が漁船中心から貨物船へと移ってくることが分かる。

　1973 年（昭和 48 年）、須崎工場が独立して須崎産業になる。

　1974 年（昭和 49 年）9 月 1 日、台風 16 号が縦断し午後 6 時ごろ、建造中の「和忠丸」（7,000 トン）が強風による高波により浅瀬に座礁するという事故が起きる。

　1975 年（昭和 50 年）、船台能力を 13,000 トン級と 2 倍に拡大し、石川島播磨重工の技術指導を受けレベルアップを図る。波止浜造船は石川島播磨重工の系列に入っており、その関係で県造船も石播系列になった。

（左）県造船の工場全景　（上）1976 年竣工「博宝」13,128 総トン　21,515 重量トン「船の科学」より

こうした流れを見ると、長浜工場一つにして船台を一つに集中し、大きな船を造る体制を整えてきていることがわかる。「技術のハシゾウ」と言われた波止浜造船の系列に入り、本格的に造船業の中核を担おうとしている矢先の 1977 年（昭和 52 年）12 月 9 日、親会社である波止浜造船が突然倒産する。倒産の大きな要因の一つは、受注難になっていた 1974 年（所和 49 年）に 156 億円をかけて香川県多度津町に造った 6 万総トンのドックである。この倒産は、県造船にとっては致命的であった。

　翌 1978 年（昭和 53 年）4 月 10 日高知県は、運輸省船舶局長に対して県造船の経営安定対策についての陳情を行っている。

　同年 7 月 14 日、海造審から「今後の造船業の経営安定化方策はいかにあるべきか」の答申が運輸相へ出される。

　その方策とは、大手 7 社、準大手 17 社、中堅 16 社のグループ化である（189 頁参照）。県造船はどのグループに属するのか、同年 12 月 4 日付の高知新聞は 3 つの可能性を挙げて論じている。①今井造船とのグループ化、②新山本とのグループ化、③親会社波止浜造船とのグループ化で、①と②の可能性はないことから③しかないだろう、とした。しかし、波止浜造船は会社再建中で、管財人は常石造船の専務であることから、結局、常石造船次第である、と結論付けている。

　同年 7 月 18 日、高知県として今度は運輸大臣に対して県政上重要要望事項である官公庁の中小造船企業への優先発注、融資制度の改革などの陳情を行う。実はこの年、水面下で常石造船と合併する動きがあり、調印間際に急きょ状況が変わり中止となる。

　1979 年（昭和 54 年）3 月 27 日付高知新聞に、「常石造船グループ結成へ　波止浜を系列化に」と出る。休止するのは常石ドック 1 基45,000 トン、県造船 13,000 トン、波止浜本社 6,000 トンの 3 基とする。休止とは言うものの事実上の廃止である。県造船は、船台一本なのでこれで消滅となる。

操業中止、そして希望退職

　話は前後するが、船台消滅の前年から実は厳しい状況が続いていた。1978年（昭和53年）10月、取引先であった大阪の秋田船舶が倒産し、5億1,500万円が回収不能になる。続いて11月5日未明、造られたばかりの新造船が来島海峡で転覆沈没するという事故が起こる。村上海運のLPGタンカー「第三秀栄丸」（602トン、3人乗組）が航行中に突然傾斜、救助のダグボートが曳航中に転覆したのである。当時の新聞には次のような原因が挙げられている。

　①重心位置を間違えて想定。重心が同型タンカーよりも高くなった

　②発注者の要請で上部構造物が多くなり、さらに重心が上がる

　③速力維持のために船腹を広げる措置を取らなかった

　10月16日に竣工したばかりで、事故があったのは5航海目。事故前の試行では、約15度傾いてもなかなか復元しなかったという証言もある。また単なる操船ミスという見解もあったが、どちらにしても県造船にとっては大きな痛手であった。

　11月以降受注がなく、11月20日最後の貨物船が仕上がると操業中止に追い込まれた。

　一方で、並行して希望退職の募集が頻繁に行われれ、1978年（昭和53年）1月の50人を皮切りに12月の120人まで合計7回のべ485人の希望退職を募ったものの応募は少なく、7回で合計96人。8次の募集は翌年の1979年（昭和54年）1月4日〜16日まで行われれわずか10人、急きょ20日まで延ばしたが合計19人。1月27日〜2月10日までの9次には87人から申し出があった。この結果、従業員は47人だけになる。

　2月15日、25人に指名解雇を通告。最盛期には330人もいた従業

員は、要員として残す 22 人だけとなる。

　1979 年 10 月末日までが特定船舶製造業安定事業協会買い上げ申請書の提出期限であった。12 月 27 日、県造船はついに申請書を提出する。（提出期限が延長されたと思われる）

　1980 年（昭和 55 年）2 月 14 日の協会理事会にて、総額 30 億 9,000 万円で買い上げが決定される。この金額は予想をはるかに超えるものであった。県造船の買い上げ決定は、新聞の報道によると函館ドック、名村造船所、楢崎造船、林兼造船に次いで全国で 5 番目であった。「造船不況の記録」では、売買契約日順に並べると次の表のようになる。

特定船舶製造業安定事業協会の買収実績

事業場	買収金額	売買契約日
函館ドック函館工場	150.37	５４年　６月２０日
楢崎造船室蘭工場	28.81	８月３０日
名村造船所大阪工場	30.18	１０月９日
林兼造船長崎工場	61.17	５５年　２月２２日
瀬戸内造船	8.34	２月２８日
佐野安船渠大阪工場	27.71	３月１１日
芸備造船工業	6.43	３月１３日
鹿児島ドック鉄工	23.81	３月１３日
高知県造船	30.91	３月１９日

　1981 年（昭和 56 年）2 月 19 日、県造船から県に 2 億円の寄付がされる。社長談として「永い間お世話になった地域住民や下請け業者、関係官庁、金融機関などに感謝の気持ちを表したい。…予想より高額で買い上げされたので、少しでも県のために役立ちたい、という単純気持ちで寄付したまで」と。

　県造船をグループ会社にして船台処理を行った常石造船は、2018 年建造量ランキングで今治造船、ジャパンマリンユナイテッド、川崎重工に次いで日本第 4 位、世界でも 10 位にランクされている。

建造船一覧表　※会社作成のものに雑誌「船の科学」などを参考に書き加えた

建造番	船名	船種	総トン	重量トン	船主	進水(昭和)	備考
1	高浜山丸	貨物	102.72	150	山下近海汽船	18·7·12	
2	第二高浜山丸	〃	103.55	160	〃	18·9·11	
3	第八宝運丸	〃	265.14	380	宝運汽船	18·4·20	
4	須崎山丸	〃	145.25	200	山下近海汽船	18·7·12	
5	第三須崎山丸	〃	145.63	200	〃	18·9·11	
6	第十神力丸	〃	73.12	120	石橋寅一	18·9·9	
7	宝運丸	〃	262.16	380	宝運汽船	18·2·18	
8	高知山丸	〃	230.03	320	山下近海汽船	19·1·18	
9	第五高知山丸	〃	234.18	320	〃	19·1·10	
10	第十高知山丸	〃	231.14	320	〃	19·1·20	
11	第十一高知山丸	〃	236.49	320	〃	19·1·18	
12	第十三高知山丸	〃	237.52	320	〃	19·2·19	
13	第十六高知山丸	〃	237.65	320	〃	19·2·18	
14	第十六東亜丸	〃	232.87	320	東亜海運	19·1·16	
15	第九十五西総丸	〃	229.16	310	西日本石炭輸送	19·2·14	
16	第二十八高知山丸	〃	237.52	320	山下近海汽船	19·1·31	
17	第三十高知山丸	〃	234.59	320	〃	19·1·27	
18	第二十二高知山丸	〃	238.41	320	〃	18·8·18	
19	第二十八高知山丸	〃	232.87	320		19·3·26	
20	第二十五高知山丸	〃	240.75	320		19·3·27	
21	総１０６号	被曳船		350	西日本石炭輸送	19·3·30	
22	第十八東洋丸	貨物	234.41	320	〃	19·3·30	
23	第十九東洋丸	〃	232.89	320	〃	19·3·31	
24	第八名広丸	〃	230.76	320	報国海運	19·3·28	
25	第十九敷島丸	〃	238.65	320	中央汽船	19·3·30	
26	第十敷島丸	〃	237.81	320	〃	19·3·20	
27	第十二敷島丸	〃	239.40	320	〃	19·3·14	
28	第十七東亜丸	〃	232.87	320	東亜海運	19·3·11	
29	総８１号	被曳船		350	西日本石炭輸送	19·5·14	

30	総82号	〃		350	〃		19·4·29
31	総85号	〃		350	〃		19·4·26
32	総92号	〃		350	〃		19·5·11
33	第十二東洋丸	貨物船	258.02	360	〃		19·4·26
34	第十二高知山丸	〃	245.61	360	山下近海汽船		19·7·10
35	第五〇一東亜丸	油槽船	242.44	360	東亜海運		19·12·20
36	第五〇二東亜丸	〃	245.36	360	〃		19·12·3
37	第五〇三東亜丸	〃	247.40	360	〃		19·12·16
38	第五〇四東亜丸	〃	246.14	360	〃		19·11·28
39	第五〇五東亜丸	〃	246.52	360	〃		19·12·19
40	第三草生丸	〃	246.36	360	沿岸油槽船		19·11·14
41	第一松丸	〃	247.11	360	海軍燃料廠補給部		19·10·14
42	第二松丸	〃	247.78	360			19·10·29
43	第四松丸	〃	245.36	360			19·10·25
44	第七松丸	〃	246.41	360	〃		19·12·20
45	第八松丸	〃	247.78	360			19·11·20
46	兵庫丸	貨物船	245.36	360	大神汽船		19·11·12
47	神戸丸	〃	247.78	360			19·11·12
48	第六十七天社丸		226.58	310	神原汽船		19·12·20
49	第四十六東亜丸		245.28	360	東亜海運		20·4·13
50	第四十八東亜丸		244.14	360	〃		20·.5·13
51	第三十六清丸		242.44	360	沿岸油槽船		20·4·13
52	第十四松丸	油槽	246.57	360	海軍燃料廠補給部		20·5·2
53	第十五松丸	〃	248.15	360			20·4·13
54	喜久丸	貨物船	247.78	360	高知汽船		20·7·11
55	第二高倉丸	〃	150.16	200	三井近海機船		20·5·15
56	第四高倉丸	〃	152.53	200			20·5·18
57	第七高倉丸	〃	150.99	200			20·6·5
58	第八高倉丸	〃	151.64	200			20·6·4
59	第九高倉丸	〃	152.55	200			20·6·25
60	第九恵山丸	〃	150.97	200	〃		20·6·30

61	第十三高知丸	被曳船	300	西日本石炭輸送	20·5·10
62	第十四高知丸	〃	300	〃	20·5·8
63	第十五高知丸	〃	300	〃	20·5·15
64	第十六高知丸	〃	300	〃	20·5·15
65	第十七高知丸	〃	300	〃	20·5·21
66	第十八高知丸	〃	300	〃	20·5·26
67	第十九高知丸	〃	300	〃	20·6·21
68	第二十高知丸	〃	300	〃	20·6·3
69	第二十一高知丸	〃	300	〃	20·6·3
70	第二十二高知丸	〃	300	〃	20·6·6
71	第二十三高知丸	〃	300	〃	20·6·6
72	第二十四高知丸	〃	300	〃	20·6·15
73	第二十五高知丸	〃	300	〃	20·6·21
74	第二十六高知丸	〃	300	〃	20·6·19
75	第二十七高知丸	〃	300	〃	20·6·15
76	第二十八高知丸	〃	300	〃	20·6·25
77	第二十九高知丸	〃	300	〃	20·6·25
78	第三十高知丸	〃	300	〃	20·6·30
79	第三十一高知丸	〃	300	〃	20·6·30
80	第三十二高知丸	〃	300	〃	20·6·30
81	ヒ8119号	被曳船	300	産業設備営団	
82	ヒ8120号	〃	300	〃	
83	ヒ8121号	〃	300	〃	
84	ヒ8122号	〃	300	〃	
85	ヒ8123号	〃	300	〃	
86	ヒ8124号	〃	300	〃	
87	ヒ8125号	〃	300	〃	
88	ヒ8126号	〃	300	〃	
89	ヒ8127号	〃	300	〃	
90	ヒ8128号	〃	300	〃	

81〜90　終戦により港湾用作業、浮桟橋等に転用する

100	盛漁丸	鰹漁船	12.58		山中節吉	21·4·30	
101	第六寿丸	〃	28.75		岐浦繁治	21·9·11	
102	司丸	鰹鮪船	85.59		坂本治道	22·1·3	
103		ヨット	6隻		米駐留軍	21·10·25	～108まで
110	第一弥満登丸	鰹鮪船	129.82		山本九十九	22·4·10	
111	第一新興丸	鰹漁船	54.45		上田浩気	22·4·15	
112	黒潮丸	調査船	10.15		高知県庁	22·4·3	
113		作業船	10	15	第三港湾建設局	22·8·15	
115	耕洋丸	指導船	17.84		高知県庁	23·3·20	
116	姫丸	鰹鮪船	99.82		小松賢一	23·3·6	
117	加宝丸	〃	83.18		松本梅竹	23·5·8	
118	第七千代丸	鰹漁船	31.12		山本千代一	23·5·8	
120	第七福丸	鰹鮪船	78.41		山下福一郎	23·6·24	
121	第六達美丸	〃	57.18		隅田達美	23·8·30	
122	第二大有丸	底曳漁	24.87		北村丈吉	23·9·12	
123	たかしま丸	鰹鮪船	82.58		亀井盛一	23·10·28	
125	第三良栄丸	〃	81.51		釣井堅一郎	23·12·1	
126	第六大丸	〃	80.38		毛利哲也	23·12·1	
127	第三十淀川丸	非航貨		70	淀川製鋼所	23·12·10	
128	第三十一淀川丸			70	〃	23·12·10	
130	第一繁栄丸	鰹鮪船	36.86		上田喜次郎	24·8·24	
131	第三寿々丸	〃	60.95		久村馬五郎	24·7·30	
132	第三幸成丸	底曳漁	27.46		中平国吉	24·6·5	
133	第三南海丸	客船	15.89		南海巡航船	24·4·8	
135	桂浜丸	渡船	10		高知県庁	24·4·8	
136	第三十二淀川丸	非航貨		70	淀川製鋼所	24·9·12	
137	第五福丸	鰹鮪船	81.88		福島正夫	24·9·12	
138	第三加取丸	〃	82.88		坂本勝喜	24·9·5	
140	第三十三淀川丸	非航貨		95	淀川製鋼所	24·12·22	
141	第三加寿賀丸	底曳漁	29.47		近藤亀吉	24·9·10	
143	第二進栄丸	鮪漁船	60.84		松井繁春	24·11·7	

145	第七大鵬丸	鰹鮪船	49.18		山田鋭一郎	24·10·20	
146	第二大鵬丸	鮪漁船	80.49		谷脇政信	25·5·18	
147	第五良栄丸	〃	68.84		釣井堅一郎	25·7·26	
148	淀水丸	曳船	8.85		淀川製鋼所	25·10·19	
150	第一轟丸	作業船	50		轟組	25·12·24	双胴船新案特許
151	第五加取丸	鮪漁船	32.57		福光政季	26·4·29	
152	第十一淀川丸	非航貨		95	淀川製鋼所	26·4·2	
153	第十二淀川丸	〃		95	〃	26·4·2	
153	第一淀川丸	貨物船	39.48	75	〃	26·5·12	
156	第三加宝丸	鮪漁船	34.78		松本梅竹	26·8·10	
157	第二淀川丸	貨物船	41.81	75	淀川製鋼所	26·9·16	
158	第三淀川丸	〃	38.08	75	〃	26·10·29	
160	第六大有丸	底曳船	27.49		池田利喜	26·9·16	
161	第五淀川丸	貨物船	37.32	75	淀川製鋼所	26·12·11	
162	第二轟丸	作業船	42		轟組	26·10·29	クレーン船
163	第六淀川丸	貨物船	38.08	75	淀川製鋼所	26·12·11	
165	第七淀川丸	〃	38.08	75	〃	27·2·23	
166	第八淀川丸	〃	41.19	75	〃	27·2·26	
167	第十淀川丸	〃	41.81	75	〃	27·8·28	
168	第七長久丸	鮪漁船	46.72		河元与之助	27·10·21	
170	第三轟丸	作業船	60		轟組	27·10·18	クレーン船
171	第三加取丸	鮪漁船	133.94		坂本勝喜	28·6. 20	
172	第十一加取丸	〃	97.47		釣井高明	28·10·22	
173	第一寿々丸	〃	134.48		久村馬五郎	29·4·8	
175	第五加宝丸	〃	84.26		松本梅竹	29·8·5	
176	第八大鵬丸	〃	134.80		山田鋭一郎	29·10·11	
177	司丸	〃	130.83		坂本治道	29·12·19	
178	第七良栄丸	〃	157.45		釣井堅一郎	30·3·22	
180	水幸丸	渡船	6		本山村	30·6·15	
181	第二桂浜丸	〃	10		高知県庁	30·5·9	
182	第二加宝丸	鮪漁船	151.51		松本梅竹	30·9·15	

183	第七福丸	〃	131.47	山下福一郎	31·2·25	
185〜192	漁神丸	漁船	5 × 7 隻	松田漁樹ほか	31·6·26	
193	天竜丸	鰹鮪船	79.89	大島漁業生産組合	32·11·19	
195	第三寿々丸	鮪漁船	99.98	久村馬五郎	32·6·19	
196	第三寿栄丸	〃	99.86	氏原義広	32·7·1	
197	賠償輸出船	非航艀	280	フィリピン政府	32·12·2	
198	第五吉野丸	鮪漁船	99.49	山下喜助	34·5·21	
200	第十二大鵬丸	〃	99.68	谷脇政信	34·9·30	
201	桂浜丸	渡船	10	高知県庁	34·5·8	
202	さくら	曳船	10	自社	34·6·1	
203	美鷹丸	鮪漁船	99.95	尾崎長蔵	34·12·12	
205	第八加取丸	〃	159.41	坂本勝喜	35·2·10	
206	第五幸成丸	〃	99.39	山下倉太郎	35·3·25	
207	第六太伸丸	貨物船	235.33	土佐海運	35·1·22	
210	TUNA Ⅰ	底曳漁	99.87	フィリピン政府	35·5·15	
211	第五常丸	鮪漁船	99.93	森常一	35·10·30	
212	第八共和丸	〃	159.41	山本勝馬	35·6·19	
213	第壱八州丸	貨物船	269.22	八州汽船	35·11·17	
215	第一淀鋼丸	〃	114.26	淀川製鋼所	35·10·29	
216	第二淀鋼丸	〃	114.32	〃	36·5·31	
218	第八司丸	鮪漁船	239.96	坂本治道	36·7·29	
220	第十一達美丸	〃	39.89	隅田達美	36·6·17	
221	第六盛進丸	〃	99.88	安東直馬	36·10·18	
222	第一大浩丸	〃	39.95	宗円博員	36·9·12	
223	第十五文盛丸	〃	179.88	川崎信幸	36·9·13	
225	第三十七興洋丸	〃	99.13	田村勝雄	36·3·15	
226	第三桂浜丸	渡船	59.06	高知県庁	36·11·9	フェリー
227	第七福丸	鮪漁船	239.67	山下福一郎	37·3·5	
228	第八優漁丸	〃	39.92	倉松優好	37·3·15	
230	第八大鵬丸	〃	239.66	山田紘一	37·6·2	
231	第十一淡路丸	〃	99.15	淡路勝三郎	37·5·17	

232	賠償輸出船	非航艀	682.63	フィリピン政府	37·4·27	AB 船級
233	〃	〃	682.63	〃	37·6·30	AB 船級
235	第二むろ丸	給油船	35.30	室戸漁業協同組合	37·7·7	
236	第三十八興洋丸	鮪漁船	99.38	田村雄次	37·10·7	
237	第十七長栄丸	〃	99.39	長谷川芳太郎	37·9·10	
238	第三十一興洋丸	〃	99.60	田村雄次	37·9·11	
240	第十一北新丸	〃	99.79	新潟北洋漁業	37·10·4	
241	第五気正丸	〃	192.43	野町秦三郎	37·10·4	
242	合栄丸	給油船	36.07	武井石油店	37·12·21	
243	第六福佳丸	鮪漁船	99.80	松井清	38·2·16	
245	第二十一有栄丸	〃	99.90	和深七郎	38·3·2	
246	第二十一有磯丸	〃	99.92	魚崎孝行	38·2·18	
247	第五繁栄丸	〃	253.85	秋沢敬弥	38·5·5	
248	すくも	客船	62.56	宿毛市役所	38·3·23	
250	第七宝生丸	鮪漁船	192.91	久保駒市	38·6·5	
251	第三十一千鳥丸	〃	111.82	山一漁業	38·4·20	
252	第二十二加宝丸	〃	192.80	松本満馬	38·7·23	
253	第十二蛭子丸	〃	192.92	岡崎春一	38·8·13	
255	第二十二大鵬丸	〃	192.68	谷脇政信	38·7·2	
256	第八長久丸	〃	192.95	尾崎長蔵	38·9·21	
257	第一土州丸	〃	111.88	高知県漁業公社	38·7·18	
258	第二土州丸	〃	111.98		38·6·17	
260	第十八豊進丸	〃	111.88	池田春松	38·9·18	
261	第十一瑞漁丸	〃	111.92	吉川敏治	38·7·29	
262	第五寿栄丸	〃	253.96	氏原義広	38·7·6	
263	第三昭南丸	〃	192.97	平野淳一	38·7·28	
265	第八幸丸	〃	192.90	中野元弥太	38·11·6	
266	第五十八興洋丸	〃	192.98	田村勝雄	38·11·14	
267	第五十一興洋丸	〃	253.99	田村雄次	39·5·10	
268	第二十一新南丸	〃	111.71	泉井安吉	38·10·5	
270	第三十五千鳥丸	〃	192.92	山一漁業	38·9·27	
271	第八昌栄丸	〃	192.83	中屋泰治	38·11·12	

272	第十二豊丸	〃	192.91		松田稲富	38·10·25	
273	第二十二幸鵬丸	〃	111.81		中谷豊重	38·11·30	
275	第十一加取丸	〃	253.98		釣井高明	39·1·20	
276	第十二久保丸	〃	111.99		久保森繁	39·1·18	
277	第十五加取丸	〃	253.97		坂本勝喜	39·4·23	
278	第十二福丸	〃	253.93		山下福一郎	39·3·19	
280	第三安丸	〃	253.83		安岡一	39·4·29	
281	第八多賀丸	〃	253.66		中野梅利	39·6·10	
282	第八寿久丸	〃	111.91		久保彦二郎	39·10·24	
283	第二富美丸	〃	253.96		松本徳次	39·9·6	
285	第二十六大鵬丸	〃	192.85		谷脇政信	39·11·23	
286	第十八伸良丸	〃	253.99		浜木由次郎	40·1·10	
287	わかざくら	曳船	15		自社	39·12·7	
288	第八銀嶺丸	鮪漁船	134.64		琉球水産	40·5·16	
290	第十八銀嶺丸	〃	134.58		〃	40·5·20	
291	第十五蛭子丸	〃	192.82		岡崎春一	40·5·17	
292	第二鳳生丸	〃	192.90		谷脇鶴一	40·4·28	
293	第八ひめ丸	〃	111.64		久保田節	40·9·28	
295	第五丸山丸	砂利船	120.20		西森博	40·8·19	
296	第二十一共進丸	鮪漁船	149.98		共進水産	40·10·21	
297	幸吉丸	〃	149.98		うるま水産	40·11·12	
300	第六永幸丸	砂利船	141.95		永井正喜	41·1·11	
301		浮桟橋		50	第五管区海保	40·11·24	
302	第一参共丸	砂利船	146.84		田所岩年	41·2·1	
303	いよじ	フェリー	392.31		昭和海運	41·8·13	
305	せとじ	〃	396.09		瀬戸内海汽船	41·8·13	
306	高共丸	油槽船	972.86	1,748	高知共同汽船	41·3·19	船舶整備公団
307	大鴻丸	〃	728.21	1,206	大鴻汽船	41·7·13	〃
308	近高丸	〃	605.32	1,056	片島汽船	41·5·17	〃
310	第八司丸	鮪漁船	253.99		坂本治道	41·5·11	
311	第一鳥取丸	漁業試験	99.14		鳥取県庁	41·3·21	

312	第二十五大丸	鮪漁船	263.65		毛利賢吉	41·11·25	
313	第二十二日向丸	〃	109.14		発田水産	41·8·4	
315	錦正丸	〃	192.58		坂田貞太郎	41·11·3	
316	第六南海丸	〃	253.73		南宇和漁業公社	41·12·27	
317	第二十八大鵬丸	〃	253.98		谷脇政信	42·1·28	
318	第六十五興洋丸	〃	253.33		田村勝雄	42·2·19	
320	国島丸	貨物船	578.82	1,100	三和汽船	42·1·22	
321	M/V NITA	巾着網	99.90		フィリピン政府	44·1·20	
322	第八大洋丸	起重機			共進建設	41·10·28	
323	宣洋丸	油槽船	601.83	1,100	日宣汽船	42·6·3	船舶整備公団
325	山河丸	貨物船	997.83	2,009	黒川汽船	42·5·6	〃
327	第五光慶丸	鮪漁船	192.75		大西慶治	42·4·1	
328	第十八幸漁丸	〃	192.76		西尾隆道	42·5·28	
330	日立丸	タグ	181.47		香洋海運	42· 4·12	
331	昭安丸	貨物船	1,999.78	3,300	安田海運	42·10·16	
332	鶴丸	〃	1,999.71	3,300	大阪船舶	43·4·20	
335	第十一寿栄丸	鮪漁船	253.96		氏原義広	42·6·10	
336	第八幸吉丸	〃	204.11		うるま水産	42·10·24	
337	第五銀洋丸	〃	215		琉球水産		
338	鹿島丸	客船	145.13		座間味村	42·10·15	
340	おきのしま	〃	67.74		宿毛市役所	42·11·21	
341	とさ	調査船	80.13		高知県庁	42·11·27	
342	第十五司丸	鮪漁船	284.76		坂本治道	43·2·21	
343	第八福佳丸	〃	254.95		松井清	43·4·24	
345	第八伸永丸	〃	208.27		名護製氷	43·3·31	
346	第二十八興洋丸	鮭鱒漁	96.70		田村雄次	43·4·9	
347	第十二興洋丸	〃	79.84		〃	43·3·26	
348	第二十八有磯丸	鮪漁船	254.23		魚崎孝之 (行？)	43·6·20	
350	第十五長久丸	〃	284.76		尾崎長蔵	43·7·13	
351	第十五久保丸	〃	254.83		久保森繁	43·8·22	
352	第二十二幸鵬丸	〃	254.47		中谷政之助	43·9·9	
353	第十一多賀丸	〃	284.98		中野梅利	44·1·29	

355	第二十五蛭子丸	〃	284.86	蛭子水産	44·2·4	
356	第二十八日栄丸	〃	194.14	山下繁一	43·10·30	
357	第二十七共進丸	〃	285.16	共進水産	43·9·21	
358	第二十二大鵬丸	〃	299.11	谷脇政信	43·10·3	
360	けらま丸	客船	151.67	渡嘉敷村	43·11·15	
362	第一久美丸	〃	171.82	仲里村	43·11·27	
363	第二十五幸漁丸	鮪漁船	254.66	西尾隆道	44·5·23	
365	第五萬漁丸	〃	194.74	宮川和男	44·11·21	
366	第十一晃久丸	〃	194.72	黒田昭	44·3·21	
367	第一南琉丸	〃	291.80	上原水産	44·5·10	
368	第二十八福寿丸	〃	194.94	丸本年明	44·5·1	
371	第十一幸丸	〃	254.68	中野元弥太	44·4·8	
372	第十八福丸	〃	299.99	山下福一郎	44·5·26	
373	第八繁栄丸	〃	299.71	秋沢敬弥	44·8·12	
375	第八寿宝丸	〃	254.39	村山文男	44·6·10	
376	桜島丸	曳船	61.21	桜島埠頭	44·9·10	
378	さくら	〃	10	自社	44·7·16	
380	第十一加取丸	鮪漁船	284.59	釣井高明	44·10·16	
381	第二十一韓星	〃	432.92	韓星企業	45·3·11	HANSUNG21
382	第二青龍	〃	399.17	大林水産	45·2·10	CHUNGYONG 2
383	第一青龍	〃	399.58	〃	45·2·10	CHUNGYONG 1
385	第十五伸永丸	〃	288.99	名護製氷	44·8·6	
386	第十八長久丸	〃	299.56	尾崎長蔵	45·1·19	
387	第十一昌栄丸	〃	284.75	中屋泰治	44·12·5	
388	第八合栄丸	〃	284.76	角田初枝	45·1·28	
390	第十五大丸	〃	284.97	大丸漁業	45·1·10	
391	第二十一富美丸	〃	284.07	富美丸水産	45·2·7	
392	第三十五大丸	〃	299	毛利賢吉		
393	第十二高取丸	〃	344	多田亀吉		
395	第三鳳生丸	〃	284	富司水産		
396	第三十二大鵬丸	〃	299.25	大鵬丸漁業	45·3·26	

No.	船名	船種	総トン	重量トン	船主	竣工	備考
397	第十六合栄丸	〃	284		武井正平		
398	第二十一多賀丸		299		中野梅利		
420	江運丸	貨物船	2,992	5,951	江口汽船	47·2·14	NK 船級
421	AMRTA 1	〃	3,272	5,950	RIOCOMERCIO	47·4·18	〃 パナマ
422	AMRTA 2	〃	4,588	7,327	CONCORD	47·6·25	〃 パナマ
431	正龍丸	〃	5,472	8,725	松南汽船	47·9·20	
510	泰光丸	コンテナ	4,380	5,750	小山海運	47·12·9	
511	BD—5000	バージ		7,000	青木建設	48·3·16	
515	SOLEIL	タンカー	3,438	5,981	REINA NAVIERA	48·4·30	
526	RED LOTUS	貨物船	4,487	7,356	LOTUS PANAMA	48·6·3	
527	NUSANTARA II	〃	3,278	5,950	MAR DE BAMSU	48·9·6	
536	CONCORDANT	〃	4,465	7,352	CONCORDANT S	48·10·17	
539	GREAT SUCCESS		6,017	10,170	ANABEL NAVIERA	48·8·3	
544	敬海KENG HOI	〃	3,278	5,936	LIDEN PANAMA	48·12·4	
551	南宝丸	〃	6,163	10,205	二宝船舶	49·5·11	
552	PEARL LOTUS		6,017	10,212	SLEDDAL S	49·2·8	
553	RUBY LOTUS		6,017	10,186	〃	49·3·18	
558	SUN ANTARES	〃	6,017	10,194	STOUR S	49·6·23	
559	OCEAN EXPLOTAR		6,029	10,145	OCEAN EXPLOTAR COS	49·12·17	
560	HO-CHUNG	〃	6,034	10,193	Crepusculo SA	49·8·8	
564	TYCHE	〃	6,034	10,193	TYCHETRANSPORT	49·11·7	
569	TIMBER LEADER	〃	6,030	10,138	REINA MARITIMA	49·9·25	
575	YUE MAN	〃	6,131	10,186	IVORY SHIPPING	50·2·7	
576	KUNG HOI		6,131	10,178	〃	50·5·8	
577	SUNNY SYDNEY		6,033	10,182	JADE SHIPPING	50·6·20	
578	BRIGHT MELBOURNE		6,033	10,177	〃	50·8·14	
586	REGENT RADIANCE		6,051	10,033	REGENTCHERRY S	50·10·7	
588	REGENT LEO		6,051	10,030	REGENT LEO S	50·11·21	
591	YEONG TA	〃	6,051	10,028	YEONG TA M	51·1·8	
592	SHING TA		6,051	10,028	SHING TA M	51·2·25	
593	KWONG TA	〃	6,051	10,029	KWONG TA M	51·4·20	

598	松福神丸	〃	6,154	10,165	福神汽船	50·3·19
611	博　宝	〃	13,128	21,515	博多汽船	51·8·24
652	TEKAD	〃	3,734	6,301	Big M Incorpo	52·7·27
664	POHAI CAREER	コンテナ	4,082	6,270	Pohai M C I	52·12·2
674	中洋丸	貨物船	2,497	4,914	八洋汽船	53·4·12

　県造船の場合は、倒産という形ではなかった。受注産業の厳しさが
ヒシヒシと伝わり、書いていてつらくなった。会社をたたむ難しさ、
それに伴う痛みがいかほどのものだったろうか。２億円の寄付は、元
従業員にはどのように映ったのだろうか。現在、跡地は高知県臨海工
業団地協同組合となり、幾つかの工場が操業している。

［参考文献］
　日本木造船史話　長谷川書房　1952 年
　造船不況の記録―第一次石油危機に対応して―　財団法人日本造船振興財団　昭和 58 年 7 月
　日本科学技術史体系4　日本科学史学会編　第一法規出版　1966 年
　船の世界史　中巻　上野喜一郎著　舵社　1980 年 10 月
　船舶百年史　後篇　上野喜一郎著　成山堂　平成 17 年1月
　MODERN SHIPS IN JAPAN　1968
　船の歴史　辰巳商会社　1995 年 11 月
　雑誌「船の科学」各号

3 新山本造船所小史

創立

　新山本造船所（以後、新山本と省略）の前身は山本造船である。山本造船は創業1900年（明治33年）で、62年の長い間、高知市種崎にて造船、船舶修繕を営んできたが、1961年（昭和36年）4月以降休業状態にあった。最大の債権者である大阪の山本定吉商店や阪神地区の船主によって再建される予定であったが、山本造船の依頼により造船業に意欲があった川西倉庫（神戸市兵庫区）が引き受けることになる。正式名称は株式会社新山本造船所（SHIN YAMAMOTO SHIPBUILDING & ENGINEERING CO.LTD）で、1961年（昭和36年）7月24日創立である。川西倉庫の子会社で、造船所は一か所だけで高知造船所といい、所在地は高知市種崎125番地である。

　1962年（昭和37年）フィリピン賠償船の起工式が、土佐造船、高知県造船、新山本と同時に行われた。3社合わせて引き船2隻、艀（はしけ）7隻の計4,700総トンで、受注額は1億8,000万円であった。新山本はそのうちの艀2隻を建造する。同年12月には船舶整備公団共有船、あしずり汽船の「第三あしずり丸」（234.05総トン　前書84頁に写真あり）が竣工している。新山本が造った数少ない客船の一つである。創立されたばかりの造船所がフィリピン賠償船や船舶整備公団共有船を受注できたのは、前身の山本造船からの技術力など信頼があったからだろう。

〝本県最大船〟の船舶を次々建造する快進撃と事故

　1965年（昭和40年）1月22日、四国初のシュナイダープロペラの曳船(えいせん)（タグボート）「桂丸」（189.81総トン）が公試運転をする。同年8月には戦後、本県最大のタンカー「天快丸」（2,064.90総トン）が進水する。この「本県最大」という表現は、高知にいくつかある造船所の中で、このあとも新山本建造の船にだけつけられていく。

　翌年の1966年（昭和41年）には船台が拡張され、大型クレーンが完成する。船台の陸上部が85mから105mに延長され、水中部分と合わせて125mとなり、35トン吊りの走行クレーンも完成。これにより、総トン数3,500トンまで最大7,000トン（載貨重量トン）の船が造ることが可能になった。同年9月18日、県下最大の貨物船「日島丸」（2,982.06総トン）が進水する。

　1967年（昭和42年）3月26日に進水した貨物船「徳伸丸」（2,990.06総トン）は5月11日午前6時30分ごろ試運転のため造船所を出た直後、座礁する。本船は2日後の13日に発注者である徳島汽船に引き渡される予定であった。

　また同年10月23日午前10時45分ごろ、「24号大盛丸」建造のため31トン型クレーンで鋼材を吊り上げていたところ、吊り上げ支柱の中ほどが折れ曲がり、クレーン本体も隣で建造中の3,000トンタンカーの上に倒れ掛かり、作業員1人が負傷する事故が起きる。

　1968年（昭和43年）3月28日、同和海運貨物船「雄慶丸」（3,904.98総トン）が県下最大の船として進水する。6月には、高知県全体（今井造船、高知県造船、高知重工業、新山本）の今年の売り上げが懸案の50億円を軽く突破するだろう、と報じられる。同年7月29日、初の4,000トンとして台湾の輸出船「泰隆」（4016.30総トン）木材運搬船が進水する。船の大型化、隻数、トン数の大幅な伸びにより、結局4社合計の生産額は

予想をはるかに超え78億円を突破した。

1970年（昭和45年）7月4日、貨物船「徳洋丸」（7,792.52総トン 8,880.47載貨重量トン）が県下最大船として進水する。続いて1971（昭和46年）7月には県内初の1万トン級貨物船「徳星丸」（10,190.23総トン 16,473.17載貨重量トン）が進水する。本船はニュージーランド〜日本〜アフリカを結び、木材、小麦などを運搬する。上記2隻は、いずれも徳島汽船発注である。

1971年（昭和46年）9月24日夕刻、この「徳星丸」で爆発事故が起き、ガス中毒などでの10人の死傷者を出す。翌年の1972年（昭和47年）9月1日には、油圧ポンプの欠陥により5人の重軽傷者を出す船舶火災が起こる。最大船の記録を塗り替えてきた歴史は事故の繰り返しでもあった。

その2か月後の11月25日には、県下最大の貨物船「徳昌丸」（16,605.24総トン）が進水する。2万重量トンシリーズの第1船となる。翌年8月までにさらに2隻建造することになっている。

1973年（昭和48年）1月31日、全国的に新山本を有名にした事故が起きる。午後3時から日藤海運の自動車運搬船「日忠丸」（1,952.89総トン）の進水式が挙行される。式には約20名が出席しセレモニー通り国旗掲揚、命名と続き、支え綱を切断しシャンパンが割れくす玉も開いて、本船が船台を滑っていったところでハプニングは起きる。徐々に右舷側に傾き、船台から50mのところで完全に横転。船上には23人がいたが10数人が海に転落する。幸い怪我人の報道はなかった。2月1日の高知新聞には「あっと驚くチン事」とある。この後、本船は三菱重工業神戸造船所に曳航され修理される。ちなみに日藤海運は、主に日産自動車の新車の海上輸送を目的に1962年創立した会社で、日本初の自動車運搬船を就航させたパイオニアである。

その年の3月、船キチで有名なイラストレーターの柳原良平さんに

お会いした際、「高知で転んだ船がありましたね」とおっしゃったのを覚えている。この事故の原因について『船の科学　箱船から水中翼船』（吉田文著　講談社）から引用してみる。

　同じ型の船の２隻目であり、設計上の重心計算の誤りとは考えられない。よく調べたところ、船内に取り付けられた機械類の中に進水までに十分固定されていなかった（つまりその場所に置いたままになっていた）ものがあって、進水時の動揺でその機械が横にずれはじめ、少しずつ重心位置が移動したために横転したようである。

　1974年（昭和49年）７月17日、県下最大の油槽船「ノースアトランティック丸」（16,615.82総トン）が進水する。全長167m、幅25m、深さ13.5m、建造費22億円。拡張工事の終わったばかりの船台（後で詳述する）を使っての第１船である。

ノースアトランティック丸
「船の科学」より
藤潮丸

　1975年（昭和50年）、県下造船業界もいよいよ3万トン時代に入った、と高知新聞が報じる。５月21日油槽船「藤潮丸」（18,195.33総トン）が進水後、続いて３万トンクラスのタンカー４隻を建造する予定であった。

　地元に長く住んでいる知人が、この原稿のために数人の方に聞き取りしてくれた記録が手元にある。

　　60代の女性：昭和40年代、今ほど周りに家がなかったので、夜になると自宅からでも造船の明かりが煌々と輝いていた。保育園児が先生に引率されて、新山本の進水式を見学していた。式典が進行していくと作業に当

たっていた人たちが、無事進水するまで緊張の面持ちで見守っていたのが印象的だった。式でハトを飛ばす数は7羽で、七つの海を無事航海できるようにという願いが込められていると聞いたことがある。

　70代男性：進水式は地域の一大イベントで大勢が見に行った。目当ては餅投げで、直径20cm近くあるものも混じっていた。口径1mを超すような網を持参するものがいて子ども達の非難に晒されることもあった。小さい鉄工所や船大工さんも多くいたので、夏休みの宿題の工作は、親に手伝ってもらってハイレベルの作品が並んだ。

　その他、騒音、渋滞、事故のことなど地元の方々にとっては、新山本は身近な存在であった。

　この頃、一般の人は気付かない中でドルショック、石油ショックと続き、海運界、造船界は大変な時代を迎えていた。

騒音公害

　快進撃を続ける新山本にとって悩ましい問題、周辺住民にとってはもっと悩ましい問題が"騒音"であった。民家は県道を隔てて造船所のすぐそばにあり、この騒音問題が二転三転7年間にわたってもめることになる。1960年代後半に公害問題が各地で起こっていた、まさしくその時代であった。

　1967年(昭和42年) 12月8日付高知新聞の見出しに次のようなものが出る。「たまらぬ造船騒音　まるで工場の中」。7日、地区民代表20人が県と市に騒音公害について陳情する。1年前から善処するように申し入れたが改善されず，騒音は朝7時30分から夜間まで続くという。

　1973年 (昭和48年) 2月20日、高知市に陳情し、同年5月17日、最高62フォンに抑えるという条件で一応の合意をする。会社側は次の対策を約束した。

東側の県道沿いに幅22m、高さ18mのビルを建て（４億円かかったという。現在も残っていて200頁に写真あり）、さらにその上に４mの防音壁、東西の道路沿いに高さ13mの防音壁を作る

①建造は県道から40m離す（船台を湾寄りに40m移す）

②171番船から完全実施

　②に違反した時はその都度1,000万円の違約金を払う

６月２日夜最終合意に至り、６月７日に締結された。

６月18日、高知県港湾審議会でこの対策についてもめる。

高知市長は「公害対策に名を借りた拡張」と主張し、船台拡張のための埋め立てに反対を表明。しかし８月27日、同審議会は次の条件を付けて承認された。

①内容を住民に周知徹底

②安全航行に万全を期す

③今後建造は2万総トンを限度とする

11月６日、高知市議会で代替え遊水地確保の条件を付け承認される。これで一件落着と思いきや、そうはならなかった。

翌1974年（昭和49年）１月19日付高知新聞に「協定破って新船建造」の記事が出る。前年12月末から171番船の建造を県道にくっつくようにして始めたのだ。同年２月５日、高知県議会建設電力委員会で県が許可した浦戸湾埋め立て条件に違反したとして、６日に造船工事中止命令を出す。２月12日に開かれた話し合いにより、次のことを申し合わせた。

①40m離すのは次の船からとする

②遮音構造物は10月末までに完成させる

③船首部分の船台空間での作業は遮音構造物が完成するまで行わない

①〜③により昨年結んだ公害防止協定書の一部を変更して合意することになり、２月14日に建設電力委員会の中止命令は解除された。そ

して、7月13日付高知新聞に、船台拡張工事と代替え遊水地が完成し、騒音公害は解消されると報じられる。

造船不況から倒産へ

　1973年(昭和48年)10月、第4次中東戦争が起こる。これが第1次石油危機の始まりである。戦争は比較的短時間に終わったものの、10月31日のOPEC総会では原油価格を4倍とし供給量を30％削減するという方針が打ち出された。世界経済は物価上昇に直面、需要抑制政策に転じ、景気は下降していく。翌年、日本は狂乱物価、トイレットペーパーや洗剤が不足するという風評が飛び交いパニック状態となるなどし、GNPはマイナス成長となる。海運市況の低迷、造船業界では新規受注の激減となる。とりわけ日本の大手造船所は、大型タンカー VLCCなどを得意としていたのでなおさらであった。

　1975年(昭和50年)以降も、新山本は総トン数で2万トン弱、載貨重量トン3万トンの貨物船を造り続けている。この時点で、すでに受注が難しくなってきていたと思われる。1976年(昭和51年)11月下旬には業界初の操業短縮勧告が出された。新山本は、52年度が1,710千時間、53年度は1,564千時間とされる。

　1977年(昭和52年)に入ると、造船業界は連続倒産に襲われる。いかに未曽有であったか、『失業　不況と合理化の最前線から』(鎌田慧著筑摩書房)からピックアップしてみる。

会社名	所在地	月日	発生形態	負債総額（億円）
石橋造船	広島市似島町	1月5日	取引停止	3～4　億円
渡辺造船	愛知県渥美郡	3月18日	和議申請	2.5
三重造船	三重県四日市市	3月3日	更生法	200
木村造船	長崎市	8月4日	取引停止	不明

日魯造船	函館市	8月3日	和議申請	30
旭造船	兵庫県洲本市	8月19日	会社整理	10
西井造船	三重県度会郡	8月24日	更生法	40
西日本造船鉄工	下関市	9月4日	〃	7
新浜造船	徳島県阿南市	9月2日	〃	59
中谷造船	兵庫県洲本市		自己破産	11
今井造船	高知市	9月26日	更生法	120
山西造船	宮城県石巻市	9月27日	〃	149
佐香船舶	北九州市		自己破産	3
西造船	今治市	10月13日	更生法	5.5
宇品造船	広島市	11月18日	和議申請	120
金輪造船	〃	11月21日	更生法	80
今井製作所	愛媛県	11月18日	〃	57
波止浜造船	今治市	12月9日	〃	500
渡辺造船	愛媛県伯方町	12月19日	和議申請	90
旭洋造船	下関市	12月30日	更生法	113

　この年9月に起きた今井造船の倒産で、高知の産業、経済界は騒然
となった。同じ浦戸湾の対岸に位置する新山本にとっても当然大変な
衝撃である。

　戦前からの名門造船会社で“技術のハシゾウ”と呼ばれた中手の波止
浜造船は同年12月9日午後5時、松山地裁に会社更生法適用の申請を
出した。この倒産は「あのハシゾウまでもが……」と、全国の造船界、
造船関係者に衝撃が走った。負債総額430億円（上記の表では500億円と
ある）である。この波止浜造船の子会社であった高知県造船は、直接の
影響を受けることになった。

　波止浜造船倒産から2か月後の1978年（昭和53年）2月9日、高知新
聞夕刊に「新山本造船所も事実上倒産」と大きな見出しが出る。負債総
額150億円（178億円という報道もある）。直接の要因は、前年末倒産し
た相模船舶工業から受注した3隻の新造船のうち2隻がキャンセルさ

れ行き詰ったという。15日付朝日新聞の見出し「灯が消えた「造船の町」」の記事で、人通りない道路、弁当屋も自宅待機、とある。数軒あった弁当屋は、全盛期には昼前になると戦場のような忙しさだったが静まり返っている。25日までに150人が希望退職したという。

　同年10月17日、和議条件が認可となり、この時から会社再建は裁判所の手を離れ、企業の努力によって進められることになる。この月、円高が進み1ドル＝175円になる。

　この年から余剰タンカーによる原油洋上備蓄が始まり、タンカー不況に悩む海運界にとっては救いの措置であり1985年（昭和60年）まで続く。

　同年7月、海運造船合理化審議会（以降海造審と略す）は造船建造能力の平均35％削減を運輸省に答申する。答申では、ドック保有企業61社の設備削減率がグループ化され、提案される。高知の造船所は、すべて中手16社27％削減のグループに入っている。

海運造船合理化審議会答申による各社別設備削減率一覧

設備削減率	事業者名	建造能力（千 CGRT　※）
40％削減 大手7社	三菱重工業、石川島播磨重工業、三井造船、日立造船、川崎重工業、日本鋼管、住友重機械工業	5,725（58.3％）＝53基
30％削減 中手17社	佐世保重工業、函館ドック、佐野安船渠、名村造船所、大阪造船所、大島造船所、金指造船所、日本海重工業、尾道造船、笠戸船渠、林兼造船、来島どっく、今治造船、幸陽船渠、臼杵鉄工所、波止浜造船、常石造船	2,896（29.5％）＝38基
27％削減 中手16社	新山本本造船、楢崎造船、東北造船、内海造船、今井造船、金輪船渠、神田造船所、四国ドック、宇和島造船所、渡辺造船、高知県造船、福岡造船、三重造船、旭洋造船鉄工、南日本造船、高知重工	793（8.1％）＝23基
15％削減 その他21社	下田船渠、三保造船所、瀬戸内造船、太平工業、桧垣造船、浅川造船、鹿児島ドック鉄工、石川島造船化工機、新潟鉄工所、本田造船、橋本造船協業組合、山西造船鉄工所、中村造船鉄工所、新居浜造船所、宇品造船所、栗之浦ドック、三好造船、東和造船、宇部船渠、芸備造船工業、粟津造船	400（4.1％）＝22基
平均35％	計61社	9,814（100％）＝136基

※ＣＧＲＴ：標準貨物船換算トン数（修正トン数）、これは同じ10万総トンの船で
もタンカーとコンテナ船ではその建造にかかる工数や手間は相当異なっている。そ
こで造船所の設備能力や建造実績量を比較するために、標準的な貨物船の建造にか
かる工数や手間を１とした場合の他の種類の船の工数や手間を係数化しておき、そ
れぞれの船の総トン数にこの係数をかけて修正する。こうすれば、船の種類が違っ
ても建造量や過去の設備能力を国別や造船所別に比較するのに便利であり実態的で
ある。海造審では現有設備能力や今後の建造需要見通しを、この修正総トンを使っ
て審議した。それによれば従来、日本の建造能力は公称1,900万総トンといわれて
いたが、タンカーのように工数のかからない船の建造が多かったことから、修正総
トン表示では980万修正総トンと約半分に縮小した。

「造船の現況　円高・構造不況化の企業活動①」より

　OPECは同年12月17日にアブダビで総会を開き、翌1979年（昭和54
年）１月１日から４半期ごとに原油価格を段階的に引き上げる、と発表。
イランの内乱で石油生産がストップするなどの要因で、いわゆる第２
次オイルショックの到来である。

　新山本の倒産後、5,000総トン以上の建造能力の造船所だけを拾い上
げても、浅川造船、臼杵鉄工所、鹿児島ドック鉄工、東和造船と倒産
が続く。とりわけ７月28日に会社更生法適用を申請した臼杵鉄工所の
事実上の倒産は造船業界２番目の大型倒産で、負債額230億円であった。

　１年前の海造審の答申を受けて1979年（昭和54年）７月１日付の高知
新聞一面トップに、「新山本船台削減へ　初の異系列グループ化」と出
る。資本系列の異なる３社が地域の枠を超えてグループ化をはかり削
減する初のケースである。南日本造船（臼杵市　資本金2,000万円）、福
岡造船(博多　9,600万円)と組んでの削減で、次のような内容である。

　①南日本造船が、同系列の福岡造船の１万トン船台をつぶし３社の
　　削減ノルマを一括消化する。
　②南日本11,600総トンと新山本の20,000総トンの船台を取り換える
　③増設、縮小工事はいずれも本年度中に終わらせる。

今治造船との提携

　1979年（昭和54年）９月30日付高知新聞に、「今治造船と業務提携」と出る。資本参加や経営面の提携ではなく、今治造船が受注した船を下請けして建造するものである。この提携により、タグボート２隻、２万トンの貨物船１隻、3,000台積自動車運搬船用船１隻の工事を確保し、来年いっぱいの仕事量を確保する。

　1980年（昭和55年）３月までは19,900トン船台で、２万トン級（総トン）の船舶を建造していたが、４月以降は船台削減により42％減の11,600トン船台になり、１万トン級の船しか造れなくなってしまう。この年の５月、今治造船との業務提携を1982年（昭和57年）３月まで延長することを決め、同年10月１日には船台設備変更届を四国海運局高知支局に提出する。内容は、11,600トンの船台を770総トン分増やし12,370トンにするというもの。代わりとして、南日本造船の船台をその分縮小する。

　これにより載貨重量トンで２万トンの船が建造できるようになる。同年11月12日には、飯野海運、山下新日本汽船発注のコンテナ船「おうろら丸」（6,364.47総トン）が進水する。

「おうろら丸」
「船の科学」より

「NEW MAIL」

　翌年1981年（昭和56年）２月18日には、久々の２万トン級（載貨重量トン）貨物船「NEW MAIL」（11,964.71総トン）が進水する。本船は日本郵船のチャーター船である。

1983年（昭和58年）3月まで再び、業務提携が延長される。この1年間に載貨重量2万トンの貨物船6隻を建造する予定となる。次の専務談話がその頃の新山本の状況をよく表している。「早く独立で経営できるようにしたいが、業界は厳しく難しい環境にある。当分の間は今治造船に協力を依頼するしかない。提携関係を延長してもらえることによりほっとしている」

　そのころ高知新聞では13回にわたって「よみがえれ地場産業　造船編」①〜⑬（昭和56年7月25日〜8月13日）を特集している。その中の⑦には7月4日午後の進水式の様子が記されている。「船台の最上部に特設された式台に並ぶ関係者の顔ぶれを見ると…地元を代表する人物は一人もいなかった」と。寂しいことではあるが、新山本は事実上もう地元の企業ではないことがよく分かる一コマである。

　1981年（昭和56年）12月20日付高知新聞には、海運市況が悪化、輸出船の受注が夏以降急減し、回復の兆しが見えないため前途に暗影を投げかけている、と出る。

　1982年（昭和57年）11月29日、超大型冷凍運搬船「OCEAN　PRIDE」（9,755総トン）が進水する。本船は冷凍運搬船としては世界的にも大型の部類で、日本郵船が運航するという。新山本は引き続き2隻の冷凍運搬船を受注している。しかしながら、造船界では「儲けの少ない冷凍船受注が増えだすと苦境の始まり」と言われていた。実際、この報道を最後に新山本の"進水記事"は姿を消した。

　不況、倒産、受注激減とマイナスの状況の中で造船界にとって久しぶりの朗報が飛び込んでくる。
1983年（昭和58年）3月31日付高知新聞には、造船業界不況脱出へ兆し
　三光汽船の大量発注　向こう2年間に50〜60隻のばら積み船建造、と書かれている。5月5日付同紙には、2年分の仕事を確保。ばら積

み船、大量注文と続き、5月7日付朝日新聞には、造船不況危機脱す

　三光汽船3万〜4万総トンの小型ばら積み船81隻発注、と出る。6月2日には、造船会社13社に対して111隻もの大量建造を発注していることが明らかになる。最終的には125隻にまで膨れ上がる。

　その三光汽船も報道から2年後の1985年（昭和60年）8月13日、神戸地裁尼崎支部に会社更生法適用を申し立て、事実上の倒産をした。日航御巣鷹山事故の翌日であった。

　1986年（昭和61年）9月23日付高知新聞見出しは、「県下の造船業界ピンチ　手持ち工事底をつく　2社（今井と新山本）は事実上休業へ」と。同じく同紙11月14日付で9月下旬から事実上休業状態であり、今井と新山本は11月下旬までに工場閉鎖が確実視、さらに11月29日付朝日新聞には、今月末で全員退職　事実上休業、と出る。

　この年の12月、一時は約180社を率い、再建王と言われた坪内寿夫の来島どっくグループ縮小が発表される。来島どっく、佐世保重工業、函館どっく、金指造船など5,000総トン以上の造船会社8社10船台から4社6船台に縮小、と発表される。同じくして同グループの日刊新愛媛新聞廃刊、奥道後バス事業縮小なども発表された。

　さらに75年間、船を造ってきた日立造船因島工場で最後の進水式が行われた。

建造船一覧表　　※会社作成のものに雑誌「船の科学」などを参考に書き加えた

番号	船名		船種	総トン	載貨重量トン	竣工年昭和	納入先	備考
1	朝風丸		曳船	57.45		36・12	日本運輸	
2	第一紀泉丸		貨物船	158.78		36・11	紀泉合同海運	
3	川	1号	艀		200屯積	37.・1	川西倉庫	
5	川	2号	〃		〃	〃	〃	
6	川	3号	〃		〃	〃	〃	

7	第二住吉丸	土運船	68.40		37・1	高知港湾	
8	竜洋丸	曳船	26.58		37・3	東京商運	
9	S－159	艀	315.75		37・6	フィリピン賠償	東洋綿花 扱
10	S－160	〃	315.49		〃	〃	〃
11	第二十三たけ丸	曳船	90.42		37・5	武丸海運	
12	神戸丸	浚渫船		クラブ式2㎥	37・6	日之出海運	
13	房州丸	起重機		250丁吊	37・8	押本海事工業	
15	第二生駒丸	曳船	108.37		37・10	早駒運輸	
17	第五福島丸	油槽船	167.27	250kL	37・8	富士産業	
18	第三あしずり丸	客船	234.05	83.73	37・12	あしずり汽船	船舶整備公団船
19	川 52号	艀		200屯積	37・9	川西倉庫	
20	阪陽丸	曳船	187.82		38・3	昭陽汽船	
22	北陽丸	〃	29.99		37・11	〃	
23	鶴丸	〃	13.73		37・12	旭運輸	
24	第三永幹丸	砂利運	146.24		38・2	永井満男	
25	第二幸清丸	〃	146.68		38・3	川崎幸吉	
26	第二千早丸	客船	32.09		38・4	早駒運輸	船舶整備公団船
27	第十三徳久丸	運搬船	199.60		38・5	児玉組	ケーソン
28	星陽丸	曳船	184.61		38・8	昭陽海運	
29	わかしお	〃	4.95		38・12	新山本造船	
30	安房丸	〃	107.87		38・8	押本海事工業	
31	甲陽丸	客船	34.11	7.33	38・7	甲陽運輸	
32	加祥丸	運搬船	140.97		38・5	高知海事	砂利
33	第八和歌丸	漁船	111.24		38・10	上野吉郎	
34	英恒丸	貨物船	899.83	1,443.03	38・9	河本嘉久蔵	
35	第二桃邦丸	LPG	322.41	199.65	38・10	都海運	
36	陽弘丸	貨物船	912.42	1,556.50	39・2	山陽船舶	
37	早風丸	曳船	145.85		39・9	早駒運輸	
38	川 53号	艀		200屯積	38・12	川西倉庫	
39	川 54号	〃		〃	〃	〃	
40	第三千早丸	客船	31.27	6.63	39・3	早駒運輸	
41	第八恵美丸	油槽船	411.31	524.20	39・4	喜楽運油商会	

43	いよじ	客船	74.36		39・4	盛運汽船	船舶整備公団船
44	早月丸	曳船	104.95		〃	早駒運輸	
45	第三神徳丸	ケミカ	372.54	529.79	39・5	丸石商会	
46	DELBROS23	曳船	85.30		39・7	デルガド社	兼松扱い
47	DELBROS24	〃	85.24		〃	〃	〃
48	第五旭丸	貨物船	478.82	711.90	39・7	大阪旭海運	
49	BERNARDINO12	曳船	69.11		40・6	フィリピン政府	兼松扱い賠償船
50	〃 14	〃	69.08		〃	〃	〃
51	〃 16	〃	69.03		〃	〃	〃
52	桂丸	〃	189.81		40・2	三浦海運	シュタイダー
53	第八旭丸	貨物船	345.99	499.24	39・10	大阪旭海運	
54	第三桃邦丸	LPG	440.40	322.36	39・8	都海運	
55	大海丸	貨物船	501.94	872.00	40・2	川口運輸	
56	日盛丸	油槽船	2,068.60	3,523.94	40・5	岡田海運	
58	六十五号大盛丸	冷蔵船	986.68		40・9	大盛丸海運	
60	第二光邦丸	LPG	531.32		〃	都海運	船舶整備公団船
61	天快丸	油槽船	2,064.90	3,444.42	40・10	萩森海運	
65	海興丸	曳船	197.41		40・11	日本海事興業	コルト
66	目動丸	油槽船	2,097.24	3,502.05	41・2	岡田海運	
67	第五十一伊予丸	冷蔵船	191.18	223.35	40・12	三瓶湾漁業公社	旋網附属船
68	盛和丸	木材運	1,994.72	3,301.00	41・4	協和近海汽船	
69	徳伸丸	〃	2,990.06	5,101.40	42・5	徳島汽船	
70	第三久礼丸	油槽船	388.46	594.20	41・2	溝渕海運	
71	永洲丸	木材運	1,992.65	3,313.00	41・7	永和海運	
72	栄興丸	曳船	198.99		41・3	日本海事興業	コルト
73	大峻丸	木材運	2,641.84	4,394.71	42・1	浜田汽船	
74	川55号、301号	艀		220屯積	40・12	川西倉庫	2隻
75	開陽丸	曳船	194.28		41・6	昭陽海運	シュナイダー
76	第五十二伊予丸	冷凍船	195.08	230.58	41・11	三瓶漁業生産組合	旋網附属船
77	日島丸	木材運	2,982.52	5,190.00	〃	日正運輸	
78	富士徳丸	貨物船	1,994.77	3,354.50	42・4	富士徳汽船	
80	伸栄丸	〃	2,999.20	5,108.78	42・9	大盛海運	

81	ほくさん丸	LPG	496.41	453.00	41.・12	第一タンカー	
85	福山丸	曳船	42.99		41・7	日本海事興業	
86	早峰丸	〃	194.03		41・10	早駒運輸	コルト
87	天良丸	油槽船	3,430.67	5,654.00	42・12	萩森海運	
88	大槌丸	曳船	287.34		42・8	川崎重工	シュナイダー
89	旭陽丸	〃	180.10		42・3	昭陽海運	〃
90	泰隆 DAI LUNG	貨物船	4,016.30	6,290.20	43・10	泰隆航業（台湾）	兼松江商経由
91	神田丸	曳船	194.84		〃	宝洋海運	コルト
92	礼邦丸	貨物船	1,996.69	3,227.46	42・8	有村産業	日綿実業経由
93	明興丸	曳船	192.88		42・6	日本海事興業	シュナイダー
94	二十四号大盛丸	冷凍運	1,868.08	2,756.58	43・1	大盛丸海運	
95	光星丸	曳船	192.16		42・9	新丸菱海運	シュナイダー
96	雄慶丸	貨物船	3,904.98	6,326.98	43・5	同和海運	
98	早山丸	曳船	189.68		43・3	早駒運輸	シュナイダー
100	第十二東洋丸	自動車	687.58		〃	マツダ運輸広島	
102	第十八賀茂川丸	貨物船	2,956.57	5,184.02	43・12	下崎汽船	
103	第二大鴻丸	油槽船	272.20	426.98	43・5	大鴻汽船	船舶整備公団船
105	第十三東洋丸	自動車	686.43		43・6	東広運輸	
106	にしき丸	曳船	185.91		43・7	名古屋汽船	コルト
107	幸徳丸	貨物船	3,910.90	6,208.02	44・3	前田運輸	
108	第十七東洋丸	自動車	688.05		43・9	川端海運	
109	大陽丸	曳船	195.85		43・12	昭陽海運	シュナイダー
110	第弐神陽丸	〃	195.91		44・2	〃	〃
111	第十八東洋丸	自動車	688.96		44・5	西原海運	
112	第十二富士丸	油槽船	998.03	2,116.18	44・1	富士運油	
113	宣春 YI CHUN	貨物船	2,998.99	5,066.66	44・6	萬海航運（台湾）	大倉商事経由
115	第十五富士丸	油槽船	1,458.86	3,035.11	44・4	富士運油	
116	MANO No.3			6,328	45・2		
117	北星丸	曳船	197.61		44・8	新丸菱海運	
118	志満丸	貨物船	3,980.80	6,520.76	〃	志満屋海運	
120	第六英雄丸	油槽船	999.19	2,050,00	44・10	英雄海運	
121	第五富士丸	〃	490.62	964.04	44・7	富士運油	

122	天照丸	油槽船	2,969.53	5,616.37	44・11	前田運輸	
123	新星丸	曳船	196.82		〃	新丸菱海運	シュナイダー
125	天陽丸	〃	185.64		44・12	昭陽海運	〃
126	昇陽丸	〃	198.06		45・9	〃	ダックペラ
127	第二十五いづみ丸	LPG	977.84	1,033.49	44・12	日本ガスライン	
129	第二あさぎり丸	フェリ	607.44	306.86	45・4	日本道路公団	シュナイダー
130	弘秀丸	貨物船	2,709.02	4,450.54	45・3	大盛海運	
131	第一賀茂川丸	〃	2,995.29	5,716.43	45・5	下崎汽船	
132	徳洋丸	木材運	7,792.52	8,880.47	45・9	徳島汽船	
133	信陽輪 SUNSHINE	貨物船	4,757.00	7,422.38	45・12	泰隆航業（台湾）	兼松江商経由
135	第三東京丸	油槽船	999.36	2,102.62	45・10	東京第一海運	船舶整備公団共
136	第二山陽丸	曳船	113.11		45・5	昭陽海運	永宝造船に外注
137	泰伸丸	貨物船	2,783.24	4,708.93	45・7	大盛海運	
138	雄成丸	木材運	8,647.06	10,647.87	46・2	岡田海運	
140	日清丸	自動車	1,544.77	1,992.31	〃	泉汽船	
141	天照丸	貨物船	8,628.64	10,635.11	46・5	天晴汽船	
142	第二あさしお丸	フェリ	602.87	346.13	46・3	日本道路公団	シュナイダー
143	高興 KAOHSING	貨物船	3,158.19	5,118.50	46・7	高興航業（台湾）	兼松江商経由
144	光陽丸	曳船	106.35		46・3	昭陽汽船	永宝造船に外注
145	徳星丸	貨物船	10,190.23	16,473.17	46・10	徳島汽船	
146	川源輪 FAIR RIVER	〃	3,236.89	5,126.25	〃	川通輪船（台湾）	兼松江商経由
147	菊星丸	曳船	187.41		46・6	新丸菱海運	永宝造船に外注
150	成光丸	貨物船	10,251.65	17,101.62	47・4	協成汽船	伊藤忠信託船
151	成山丸	〃	10,168.93	16,894.89	47・6	〃	
152	聖潮丸	〃	10,238.64	17,249.39	47・9	長鋪汽船	
153	第十七金生丸	〃	3,316.81	6,218.16	47・1	金尾汽船	
155	徳伸丸	〃	10,194.89	17,000.37	〃	徳島汽船	丸紅信託船
156	美陽丸	曳船	194.72		47・6	昭陽汽船 Ｚペラ	永宝造船に外注
157	徳昌丸	貨物船	16,605.24	22,277.21	48・2	徳島汽船	丸紅信託船
158	大成丸	油槽船	3,326.43	6,375.93	47・12	天晴汽船	
160	第一協栄丸	〃	2,085.66	4,643.16	〃	神戸船舶	船舶整備公団船
161	東晴丸	貨物船	4,145.31	7,122.40	47・4	天晴汽船	三井物産信託船

163	新洋丸	〃	17,057.30	21,835.35	48・5	新東海運	
165	日忠丸	自動車	1,952.89	1,058.15	48・8	日藤海運	
166	トランスルビー	貨物船	14,969.99	22,868.20	48・7	徳島汽船	
167	新雄丸	〃	12,033.01	20,009.54	48・9	新東海運	摩耶商船
168	晧鶴丸	曳船	190.60		48・3	東京産業 Z ペラ	永宝造船に外注
169	泉陽丸	〃	193.61		48・7	昭陽海運	〃　　〃
170	英雄丸	油槽船	15,700	25,800	49・5	英雄海運	
171	成豊丸	貨物船	16,769.50	27,576	49・6	協成汽船	
173	ノースアトランティック丸	油槽船	16,615.82	29,159	49・9	日洋汽船	旭交易
174	SHIKOKUGEIR	〃	16,619.87	29,139	49・12	A/S　Geir	ノルウェー
175	淡路島丸	〃	16,578.80	29,137	50・3	英雄海運	
177	ニッケル丸	曳船	55.68		49・1	ニッケルエンド ライオンス	永宝造船に外注
178	藤潮丸	油槽船	18,195.33	32,224	50・9	東京マリン	180 番船と同型
180	BT FRIEND SHIP	油槽船	17,790.86	32,212	50・10	BT FRIEND SHIP S.A.	パナマ
183	たこま丸	木材	16,790.14	27,612	51・2	大和海運	
184	かうんとあるばとろす	貨物船	16,920.02	27,982	51・4	〃東洋オリエント	183 番船と同型
185	New CADMUS	貨物船	19,078.80	31,718	51・7	NewCadmus N	リベリア
188	New DIANA	自動車	19,049.77	31,736	51・10	New Diana N	〃　185 番船 と同型
191	豊春丸	木材	19,078.08	32,443	52・1	豊和海運	
192	第九拾八号大大盛丸	冷凍仲	9,674.11	9,602	52・3	大盛丸海運	
196	泰陽丸	曳船	199.28		52・4	昭陽海運	
197	エンタープライズ	貨物船	16,973.51	28,092	52・6	ジャパンエンター プライズインユー	
200	東京丸	〃	10,192.69	16,785	52・8	東京船舶	
203	PACIFIC RINCESS	〃	8,012.48	15,532	52・10	グローリマリタイム	パナマ
206	日徳丸	冷蔵運	6,741.95	6,905	52・12	徳丸海運	
252	ほくと	RORO	4,176.13	4,636.23	55・9	宮崎産業海運 岡田商船	
254	おうろら丸	コンテ	6,346.47	8,376.80	55・12	飯野海運、山下新日本汽船	
255	NEW　MAIL	貨物船	11,964.71	21,380	56・4	NEWMAIL LTDINE	
257	FU　CHUN	コンテ	7,532.80	10,680	56・11	Taiwan Container Express	

260	有島丸	貨物船	12,349.18	21,289	57・5	有島海運
262	成拓丸	〃	12,368.86	21,288	57・7	協成汽船
265	OCEA PRIDE	冷凍運	9,755	12,181.70	58・1	Dejal ShippigSA
266	KONVALL	〃	8,245	9,399.9	58・4	Bluebell TransSA
268	ORIENTAL ANGEL	貨物船	12,866	21,373	58・7	Cardenas Shipping
269	OCEAN BREEZE	〃	12,905	21,340	58・9	広洋汽船
273	吉備潮丸	〃	12,286	19,777	59・12	長鋪汽船
275	NIENBURG	冷凍運	10,325	11,720.11	58・12	Treema NavigationSA

　最近、偶然40歳代の議員のブログを読んで驚いた。地元高知の造船業が主産業の一つだとは知らなかったと。40歳代の方でも知らないのだから、それより若い人は知らなくて当然であろう。かつて浦戸湾には、今井造船、高知重工、高知県造船、新山本造船と全国的にも名前の通った造船所が４つあったのである。それ以外にも小さな造船所があった。（今でも立派に操業している会社も多数ある）。高知重工は、1987年（昭和62年）12月20日に閉鎖されたが、社員たちの力によって新高知重工として復活し今に至っている。

　当時の新聞記事を丹念にファイルしていたことを完全に忘れていた。今回書くにあたって目を通してみると、造船会社の浮き沈みの激しいことを改めて認識させられた。たくさんの人々が人生を翻弄されたことだろうと思うと、胸が痛い。自分自身の青春時代の苦悩も思い出す。造船不況を取り上げた書籍は、少ないように感じてきた。昭和50年代、佐世保重工の救済の本は、幾つか出版されたが、不況自体を取り上げたものはあまりなかった。それ以降も関心をもって本を集めようとしたが、数冊しか手に入れられなかった。日本造船学会が出した500頁に亘る「日本造船技術100年史」には、構造不況について3頁、年表に造船不況の文字２か所しか発見できなかった。技術の本だから仕方ないのかもしれないが。

今回、資料が手元にない状況で大雑把であるけれども3造船所を通して、この時代の造船業界の一端を記録できたことに安堵している。

今井造船跡

高知県造船跡

新山本造船所跡

［参考文献］
　失業　不況と合理化の最前線から　鎌田慧著　筑摩書房　1985年12月
　造船不況の記録　―第一次石油危機に対応して―　財団法人日本造船振興財団　昭和58年7月
　船の科学　箱船から水中翼船　吉田文著　講談社　1976年1月
　造船の現況　円高・構造不況化の企業活動①　中山裕登著　教育社　1978年10月
　雑誌「船の科学」各号　船舶技術協会

前書『消えた航跡　20世紀を駆け抜けた
38隻の船たちの軌跡を描く』補遺

宿毛観光汽船と阪神バイパスフェリーについて前書で書いているが、宿毛観光汽船を引き継いだ宿毛フェリーは休航になった。また、阪神バイパスフェリーと同じ泉大津から出ていた南海中央フェリーについて調べることができたので、本書で補遺という形で紹介することにする。

宿毛フェリーの歩みを追って

　前書『消えた航跡　20世紀を駆け抜けた38隻の船たちの軌跡を描く』が出版されたのが2018年（平成30年）9月である。文中で末永く続いてほしいと書いたが、翌月に突然休航と発表され、あまりの急な幕引きに唖然としてしまった。
　宿毛観光汽船から継承した宿毛フェリーの歩みを年ごとに振り返ってみることにする。宿毛フェリー設立以前については、前書を参照していただきたい。

2004年（平成16年）
　1月26日　宿毛観光汽船、自己破産して倒産
…紆余曲折を経て
　9月27日　宿毛フェリー設立
　10月5日　宿毛市議会の臨時議会が開かれ2億4,333万円支援予算が
　　　　　　可決する。
　10月20日　船の引き渡しを受ける。価格9,100万円。
　10月23日　市民ら約50人が見守る中、試験運航をする。離岸したあ
　　　　　　と「やっと船が動いた」と喜ぶ。翌24日、長崎市のドックに

回航する。

11月1日～20日まで　ファンネルマークと社章を一般公募する。

12月1日　入社式：30人（船員20名、陸上10名）が入社。そのうち旧
　　　　　宿毛観光汽船社員27名。

12月15日　航路復活

　第1便午前7時宿毛発は乗客86人、車輌32台で、約40人が見送った。佐伯から帰ってきた宿毛港で500人が集まり、航路再開を祝う記念式典や餅投げが行われ、地元有志が作った詩「ふるさと航路」も披露される。待合室には、その後この詩を書いた色紙が飾られていた。

　当時の時刻表、料金表、船室・施設案内である。

時刻表：

	宿毛発→	佐伯着	佐伯発→	宿毛着
1	7：00	10：00	3：00	6：00
2	15：00	18：00	11：00	14：00
3	23：30	2：30	20：00	23：00

料金表：

区分	運賃
1等	2,500円
2等	1,700円
ファミリー室料	3,000円
5m未満車輌	10,390円

等級	1等	2等	ファミリーR	ドライバーR	施設
室数	和室2室（TV）		5室（TV）		
定員	37名	210名	26名	20名	自販機・ゲームコーナー

2005年（平成17年）

　　再開1か月の実績を平成14年12月から15年1月のもの（旧宿毛観
　光汽船の実績）と比較すると、旅客17％減、乗用車5％減と予想以上
　によく、新しく作ったファミリールーム（料金3,000円）もほぼ満室で、
　休航時に他航路への流出があっただろうことを考えると満足いく実

上は、宿毛フェリーになって最初に作られた時刻表と就航記念割引券である。Ａ５版三つ折りの、この①～④の時刻表が唯一パンフレットらしきものであったと思う。「祝割」というのは初めて聞いた言葉だったが世間では使われているらしい。

シャトル・ハイウェイライン
左「しゃとる　おおいた」　右「しゃとる　よこすか」

績であった。ただ、トラックが29％と少なく、今後の課題となる。

　これから後もトラックの実績が伸びるなど努力が実を結んでいくが、原油高で燃料費が２倍を超えることになり常に赤字経営となる。

2007年(平成19年)

　燃料高騰が経営を圧迫する。前年は１kl.あたり６万円だったものが、10月は７万5,000円、11月には８万4,000円となっている。再開当初は３万円台だったことからすると凄まじい勢いでの値上がりである。

　業界にも打撃を与え、大分〜横須賀を結んでいたシャトル・ハイウェイライン（左頁にフェリーの写真）が自己破産、翌年１月には松山〜門司を結んでいた石崎汽船の「シーマックス」（284総トン）が廃止となっている。

2008年(平成20年)

　燃料高騰のため６月10日、ダイヤ改正を行い、所要時間を10分延長する。４月に値上げしたばかりなので値上げもできず、速度を８％落とす処置だった。

時刻表：

	宿毛発→	佐伯着	佐伯発→	宿毛着
1	7：00	10：10	11：00	14：10
2	15：00	18：10	19：50	23：00
3	23：30	2：40	3：10	6：20

　８月からは燃料油価格調整変動金（バンカーサーチャージャー）を導入する。これは、燃料費の高騰幅に応じて調整金を運賃に別途加算する制度である。

2011年(平成23年)

　９月１日から初の大幅ダイヤ改正に踏み切る。前年10分遅らせる対策を取ったが、大きく変える(発１時間遅らせる)のは初めてである。東日本大震災後の自粛ムードの中、一般客が減少していることが一

つの理由である。

時刻表：

	宿毛発→	佐伯着	佐伯発→	宿毛着
1	8：00	11：10	12：00	15：10
2	16：00	19：10	20：50	0：00
3	0：30	3：40	4：10	7：20

料金表：

区分	運賃
1等	3,500 円
2等	2,500 円
ファミリー室料	5,000 円
5 m 未満車輌	11,900 円

2012年（平成24年）

　4月、燃料油 1 kl.あたりとうとう 9 万5,000円となる。

　6月には乗用車客を対象に、次回片道分が半額になる割引券プレゼントや地域の特産品や宿泊券が当たるキャンペーンを検討する。

2016年（平成28年）

　4月3日には、フェリー客拡大のためにカラオケ喫茶店が船中でカラオケを往復6時間楽しむイベントを企画している。

2017年（平成29年）

　4月5日0時30分発からエンジンの故障のため欠航。25日午後8時50分発から運航再開するも、翌日26日に船体異常が見つかり、午後4時宿毛発から5月6日午後8時50分佐伯発まで欠航。さすがに建造して30年過ぎている船体は悲鳴をあげだしたのである。

愛読書の一つ『深夜航路　午前0時から始まる船旅』（清水浩史著　草思社　2018年）の筆者は、この年の7月9日（日）0時30分宿毛発に乗船している。この便の乗客は彼一人で、車輌もゼロ、貸し切り状態である。船員さんに「夜の海に吸い込まれないでよ」と言われたとい

う。この意味を筆者は次のように説明している。

　　そもそも、なぜひとりだと夜の海に吸い込まれそうになるのだ
　ろう。そのことは、深夜航路に乗ると感覚的にわかる。ひとりだ
　と、きっと「対話」をするかのように夜の海を眺めてしまうからだ。
　ひとりで暗い海をずっと眺めていると、その途方もない奥行きが
　見えてくる。船がどんなに分け入っても、暗い海はどこまでもつ
　づく。船は前へと進んでいるのに、だんだん時間が止まっている
　ような感覚になる。夜は視覚に頼れないからこそ、海の存在を身
　体全体で感じてしまう。ふとした瞬間に、身体が大きな海と融合
　するかのような錯覚に陥り、その深淵な世界に吸い込まれそうに
　なる。

この折り返しの便４時10分佐伯発は、１名の徒歩客と乗用車１台
だったという。
もう一つ、引用しておきたい箇所がある。それは、本船の大きな特
徴である設備を説明している箇所である。私はこの形式のものを本
船以外で見たことはなかった。

　　貸毛布はロール状に巻かれて透明なボックスに収められ、コイ
　ンロッカーのようにたくさん壁に並んでいる。利用者が自由に取
　り出して100円を（自主的に）箱に入れる仕組み。（同書221頁に写
　真あり）
2018年（平成30年）
　６月12日定期検査ドックに入っていた本船が再開する予定日だった
が、１日延び13日午後８時50分佐伯発から再開となる。
　７月９日午後８時宿毛発から13日12時佐伯発まで、臨時検査のため
欠航。
　休航になる前の料金表は次のとおりである。

料金表：

区分	運賃
1 等	3,600 円 +180 円
2 等	2,570 円 +180 円
ファミリー質料	5,140 円
5 m未満車輌	12,240 円 +1,530 円

7月　寿燃料（北九州市）は福岡地裁小倉支部に「ニューあしずり」の仮押さえを申し立て、認められる。寿燃料は13年４月ごろから宿毛フェリーに重油など販売を始めたが、15年２月ごろから支払いが滞り７月から販売を停止していた。

　そしてついに、10月19日午前０時30分宿毛発から突然の休航に。
　船長以下15人の船員が、即刻解雇される。すくも湾漁協組合長は「九州には八幡浜市から別のルートがある。（鮮魚輸送で）すぐに影響はない」とコメント。

10月31日　陸上勤務の社員一人が解雇される。
10月23日　佐渡汽船は、45年続いた寺泊～赤泊航路廃止を決定する。また、駿河湾フェリーも撤退を表明する。燃料高騰は、地方の航路の存続を脅かし、決定づけた。
11月20日付高知新聞見出し　「宿毛フェリー進展なし　休止１カ月　役員と音信不通」
11月21日　大分県と佐伯市の担当者

6人が宿毛市役所を訪れる。「市民から困ったという声はあまり届いていない」。

11月28日　音信不通だった代表取締役と市側が面談。

2019年（平成31年）

　1月23日　燃料代2,000万円を支払うことで寿燃料と和解。21年9月までに滞納分を分割して支払う内容である。

　　…このあとも事態は転々としていく

2017年から2018年に行った修理や法定検査の代金約3,360万円が未払いで、松江市の中村造船鉄工所（造船所は山口県柳井市）は高知地裁に差し押さえを申し立てる。2019年1月29日差し押さえとともに競売開始も決定する。

　2月22日　代表取締役が「資金繰りが難しいため運航再開は困難である」と市の担当者に伝える。

　2月27日　朝日新聞見出し　「宿毛フェリー再開断念　市、後継事業者模索」

明治時代からの関西航路やさんふらわあ、室戸汽船、あしずり汽船、マリンエクスプレスなどと、高知と県外を結ぶ定期旅客航路は続いてきたが、これですべてなくなった。

　高知県に対しては岸壁使用料が昨年10月から未払いになっている。占有料の年度払いも2019年度の更新されていない。

　3月15日には定期検査期間が満了し、係船されている片島岸壁から法的に動かせなくなる。

　ある住民の言葉「さびた船体を見るのは胸が痛む。この状況で高波や津波が来れば、押し流されて住宅に影響が出ないか心配。早く何とかして」。

　2013年度までに宿毛市や幡多6市町村が5億円近い補助金を支出。

どうなるのだろうか。

5月17日　次のことが判明しマスコミが発表する。

中村造船鉄工所に差し押さえられている船体は6月10日〜17日まで競売にかけられることになり、その結果は19日に発表される。造船所は1,000万円で買い受ける申請をしているため、それ以上でなければ造船所が買い取ることになる。ちなみに、裁判所の評価額にあたる売却基準価格は200万円である。

ところが6月7日になって、中村造船鉄工所は競売を取り下げていることが判明する。手続き開始後に約3,360万円が宿毛フェリー側から支払われ、造船所側は5月末に競売を取り下げたというのだ。

7月5日、高知新聞朝刊に「宿毛フェリー船体売却　長崎の企業に片島から姿を消す」と見出しに出る。8か月にわたって係船されていた本船が7月3日朝、佐伯市に移動していた。実は5月30日に売却されていたのだ。売却先は壱岐商業開発で、壱岐島にある大型商業施設を管理するほか、3年ほど前から船を所有して福岡県の海運会社に貸し出しているという。その海運会社は壱岐・対馬フェリーの「みかさ」(671総トン)を所有していた会社で、「みかさ」は船ファンにはよく知られている「STU48号」の前身の船である。STU48はAKB48グループ初の広域(瀬戸内海を囲む7県)アイドルグループ。本船も壱岐・対馬フェリーに貸されるのだろうか。ネットの情報によると、「三笠」と名前を書き換えられているという。「みかさ」「フェリーみかさ」(旧「ぐすく」伊江島〜本部港航路616総トン)に続く三代目となるのか。

宿毛市民の方の言葉がさびしい。「どんどんさびついていきよったし、見ていられんかった。放置していたら危険もあるろうし、無くなってほっとしている」。

突然の休航、そして解雇。責任者が不在という今まで聞いたことな

い事態が続いた。厳しい経営だったとはいえ、利用客、従業員のみならず県民に対しても経営者は誠実さに欠けると思う。振り返ってみれば、燃料高騰と乗客減少との闘いで、終盤は船体の老朽化への抵抗だった15年間である。

係船されている本船を訪れた

　2019年（平成31年）1月23日、平日の宿毛片島港は静寂という言葉が似あうほど静かであった。釣り人が一人いる岸壁に「ニューあしずり」は停まっていた。陽光に照らされて白い船体は輝いている。至る所にキズや塗装のハゲがある。再開することができるか、この船の様子を見る限り無理なように思われる。

　事務所に「休航」の張り紙が2か所、ガラス越しに見える室内は営業していた時のままで、これがなければ休航とはわからないだろう。意外に岸壁は出入り自由で、ランプウエイは若干上がり、船には入れないようになっている。動かないとわかっている船には、寂しさが漂う。

株式会社 南海中央フェリー小史

　南海中央フェリーの設立は1970年（昭和45年）5月2日で、資本金1億円、従業員58人、所在地は大阪府泉大津市旭町19番69号、南海電鉄グループ会社の一つである。すでに大阪と淡路島を結んでいた（深日港〜洲本港）大阪湾航送船株式会社も南海電鉄グループであった。

　泉北港発着の阪神バイパスフェリー（泉大津〜神戸　前書を参照）から遅れること1年、1972年（昭和47年）4月1日関西汽船とともに2社で泉大津〜志筑間のフェリーサービスを始める。泉大津のりばは阪神バイパスフェリーと同じ堺泉北港（泉北5区）で、志筑港は現在、津名港（淡路島）と呼ばれている。就航船は南海中央が「フェリー第一南海」（1,551.29総トン）で、関西汽船は「しづき丸」（1,720総トン）である。免許が下りた時点では、株式会社大阪中央フェリーと称していた。同年3月には、堺泉北フェリー埠頭公社が設立されている。

フェリー第一南海「船の科学」より

　両社で作ったチラシ（次の頁に掲載されている左の印刷物）には次のように書かれている。

　大阪から淡路島へ、そして四国へ。いちばん近くて便利なフェリーです。大阪・泉大津からわずか1時間50分で淡路島・志筑へ。島内

の観光地や爽快な鳴門のうず潮見物、魚釣りにお出かけください。

　四国に渡るには淡路島からもう一度フェリーに乗らねばならない時代である。それは次の頁にもあるように、福良港と阿那賀港からの二つのルートがあった。南海電車泉大津駅とフェリー乗り場とは離れているので、無料バス(所要時間約10分　徒歩20分)が連絡していた。
　その時刻表を挙げてみる。時刻表には徒歩20分と書かれているが、もっと時間がかかるように思う。

下り				上り			
便	接続バス 泉大津駅発	泉大津発	志筑着	便	志筑発	泉大津着	接続バス 泉大津港発
1		1：50	3：50	1	0：15	2：15	
2		3：35	5：25	2	4：20	6：10	
3		6：45	8：35	3	5：50	7：40	7：50
4	7：25	8：15	10：05	4	9：00	10：50	11：00
5	10：35	11：15	13：05	5	10：30	12：20	12：30
6	12：05	12：45	14：35	6	13：30	15：20	15：30
7	15：05	15：50	17：40	7	15：00	16：50	17：00
8	16：35	17：20	19：10	8	18：05	19：55	20：05
9	19：40	20：30	22：20	9	19：35	21：25	
10		21：50	23：50	10	22：45	0：35	

途中で運賃が、旅客運賃300円➡400円に、5m未満車輌航送運賃2,000円➡2,500円に値上げされている。

両社のチラシ・時刻表

昭和46年11月に発行された『全国フェリー航路時刻表』(運輸省海運局監修　社団法人日本旅客船協会編集　現代社)などから、阪神〜淡路島、淡路島〜徳島、関西〜徳島の航路を数えてみると次のようになる。

・阪神〜淡路島

　①神戸(長田港・須磨港)〜淡路(浦港・大磯港)淡路フェリーボート　20 ｋ ｍ　所要時間60分　26便

　②深日〜洲本　大阪湾航送船　21 ｋ ｍ　所要時間55分　14便(当初は18便)

　③明石〜岩屋　日本道路公団　9.3 ｋ ｍ　所要時間25分　40便

　④西宮〜津名　甲子園高速フェリー　10便

・淡路島〜徳島

　①阿那賀〜亀浦　淡路フェリーボート　7 ｋ ｍ　所要時間18分　36便

　②福良〜撫養(鳴門)日本道路公団　14.8 ｋ ｍ　所要時間50分　12便

・関西〜徳島

　①深日〜徳島　共同汽船・共正海運・徳島フェリー　63 ｋ ｍ　所要時間2時間30分　11便

　②阪神〜徳島　関西汽船・共同汽船・共正海運　大阪105 ｋ ｍ　所要時間3時間20分　合わせて8便

　神戸102 ｋ ｍ　所要時間3時間10分

　③和歌山〜小松島　南海汽船　62 ｋ ｍ　所要時間2時間　12便

淡路島や四国(徳島)に行く便はかなり多く、泉大津〜志筑航路にとっては競争が激しかったことが想像できる。

　ここで泉北港のフェリーによる車種別取り扱い台数を表にしてみる。この資料は堺泉北港湾事務所から頂いたものである。

	昭和 46 年	昭和 47 年	昭和 48 年	昭和 49 年
バス	475	637	686	524
トラック	4,539	36,439	68,758	56,031
軽四輪車	4,647	14,913	17,945	18,271
乗用車	21,608	56,886	80,820	80,304
計	33,773	115,636	178,133	166,582

計には、二輪自動車や自転車などが含まれる

昭和46年、阪神バイパスフェリーが就航し、翌年、泉大津〜志筑航路ができて、大幅に台数が伸びていることが分かる。昭和48年の石油ショック続く狂乱物価などで、昭和49年は減少している。その間に阪神バイパスフェリーは廃業となっている。この表の年間車台数は多いようにも感じるが、往復すべて合計台数であることを考えると、1便でどのくらいの車が航送されたか、阪神バイパスが1日往復24便、志筑航路が20便で計算すると、厳しい数であることが分かる。

1976年（昭和51年）3月11日航路休止、事実上の廃止となる。わずか4年足らずの航路となる。この頃不況のために、4月1日から名門カーフェリー（本社京都市）が新門司〜名古屋航路を休止、日本高速フェリーも高知〜那智勝浦〜東京航路を休止する。

　泉大津港のフェリーターミナル(小松第三岸壁)は、阪神バイパスフェリーに続く本航路の休止に伴い使用する会社がなくなる。現在、阪九フェリーが使用している岸壁は、その対岸の助松第一号岸壁である。

　両船の要目とその後をわかる範囲で記載しておこう。

フェリー第一南海

田熊造船建造
1971年8月1日起工　1971年11月20日進水　1972年3月24日竣工
総トン数1551.29トン　　全長83.7m　　幅15.4m　　深さ5.0m
D　2400×2馬力　航海速力16.99ノット　最高速力18.68ノット
乗用車20台　トラック27台
1976年　ギリシャ売船　その後の詳細は、HP船のウエブサイトに載っている。いまだ現役だという。

しづき丸

四国ドック建造

1971年12月1日起工　1972年2月4日進水　1972年3月27日竣工

総トン数1720.30トン　全長　82.6m　幅　15.40m　深さ　5.3m

D　1,200×4馬力　航海速力17.40ノット（17.1ノット）　最高速力18.69
ノット

乗用車26台　トラック28台(31台)　定員550名

1976年3月12日（5月）　佐渡汽船に売却　「えっさ丸」と改名　乗用車75
　　台　定員973名(730名)

　　船首部にバウバイザーを、舷側通路に特等室を設け2,085（2,072,
　　2071.14)総トンに増トン　全長85.6m　幅15.4m　深さ10.2m

直江津～小木航路に就航

1988年4月26日　最終航海

同年　　　　Rio Grande Shipping Overseas Corp.S.A.Panamaに売却
　　　　　　「OUR LADY OF CARMEL」と改名

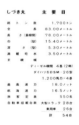

しづき丸　　　主要目

総 ト ン 数	1,700トン
全　　　長	83.00メートル
長 さ (垂線間)	78.00メートル
巾　　(型)	15.40メートル
深　さ (型)	5.30メートル
満 載 喫 水	3.50メートル
主　機　械	ディーゼル機関　4基(2軸)
	ダイハツ6DSM-26型
	1,200馬力・4基
最 高 速 力	18.0ノット
航 海 速 力	16.5ノット
旅 客 定 員	550名
自動車積載台数	大型トラック28台
	乗用車　26台
	計　　54台

しづき丸　　　　　　　　　えっさ丸
各社パンフレットより

［参考文献］
　　船舶史稿
　　全国フェリー航路時刻表　社団法人日本旅客船協会編集　株式会社現代社　昭和 46 年 11 月
　　日本の旅客船　日本内航客船編集会　昭和 51 年 10 月
　　日本のカーフェリー　海人社　平成 21 年3月
　　日本客船総覧　―いとおしき、内航客船たち―　森田裕一著　1989 年2月
　　雑誌「世界の艦船」各号　海人社
　　雑誌「船の科学」各号　船舶技術協会

あとがき

　２冊目を完成させて（未完成の部分も多々ありますが）ホッとしています。まさか私が、趣味とはいえ本を２冊出すとは思ってもみませんでした。「誰かこのテーマについて書いてくれないかなあ」と、いつも思っていました。たくさんの方々の本や原稿は素晴らしいものですが、私が一番知りたいものではありませんでした。50年間待ちましたが、とうとう自分が書かなければ、時間がたてばたつほど資料を集めることは難しくなっていくと思うようになりました。

　本を書くプレッシャーは、依頼原稿や投稿の比でないこともわかりました。私みたいな者が書いていいのだろうか、果たしてそれは事実なのだろうかとか、いつも思いました。ある時、畏友（お年は10歳足らず上ですのでこの表現はおかしいですが）長崎の船舶研究家、西口公章さんに「誰かやらないと始まらないし、間違っていたらそれに興味を持った後世の人が直してくれる」と言われ気持ちが楽になりました。

　楽器仲間で同窓のＦさんからは「もっと自分の意見や要求を書いたらどうだ」と言われました。確かにそれを避けて書いてきました。上から大きな声でモノを言うタイプでもありませんので、抑えてきました。宇高連絡船や宿毛フェリーの廃止が執筆途中で突然入ってきて、簡単につぶしていいものだろうかと疑問を感じました。航路を一度廃止すると復活するのは難しい、50年間見ていると分かります。よく言われる災害の時やそれ以外の突発的な事態などに対しても、すぐに船が動かせるわけではありません。航路はできるだけ残した方がいいと思うし、特に宇高航路は守ろうと思えば守れたような気がします。またいざという時、動ける方策を考えておくべきだと思います。

書いている途中には、「三井E＆S、大型商船から撤退」（2019年11月12日付）、「今治造船とJMU資本提携」（同年11月30日付　JMUとは石川島播磨重工、日立造船、日本鋼管、住友重機械工業の商船部門を統合して作られた会社）や「三菱重工長崎造船所主力工場（香焼工場）を大島造船に売却へ」（同年12月13日付）と、私の持っている常識では考えられないニュースが矢継ぎ早に飛び込んできて、改めて造船業の浮き沈みを痛感しました。

　あの写真が欲しい、このところは分からない、ここは矛盾しているなどと調べ考えていると、不思議と目の前に写真や資料や情報が現れることが前著同様何回もありました。まさしく「現れる」という表現に近いものです。それは、具体的には書きませんが、船友が持っていた写真、撮ったものを偶然送ってくれる、本屋で立ち読みした雑誌に載っている、ヤフーオークションに出品される、など。図書館のリファレンス係の方のヒントや、役所の方、会社の方の資料などに今まで経験したこともない感覚で、ワクワクしたり人知れず興奮したりしていました。もちろん周りの皆様のご援助があったからこその経験です。感謝に堪えません。題字は前著同様、高野奇崎先生にお頼みしました。

　最後に、細迫節夫さんをはじめ南の風社の方々には再び大変お世話になりました。生前、勝手に師匠と呼んでいた和田幸男先生が本を出された会社です。本棚に飾ってある先生のお写真は、いつも笑っています。同じ会社からこうして2冊目の本を出せるのはありがたいことだと思っています。

昭和・平成を駆けた 27 隻の船たちと高知３造船所の記録

消えた航跡 2

発行日：2020年3月11日
著　者：小松健一郎
発行所：(株)南の風社
　　　　〒780-8040　高知市神田東赤坂2607-72
　　　　Tel 088-834-1488　Fax 088-834-5783
　　　　E-mail edit@minaminokaze.co.jp
　　　　http://www.minaminokaze.co.jp

今もクレーンが立つ今井造船の跡地。

高知県造船の跡地は現在、高知県臨海工業団地となっている。

宿毛市片島港に停まったままの「ニューあしずり」。
昭和生まれの船は片島を去ったが、活躍しているというその後の噂は聞かない。

新山本造船所の跡はなくなったが、物議をかもした防音壁は今も残っている。